Pieter Jacob Cosijn

Kurzgefasste altwestsächsische Grammatik

Erster Teil: Die Lautlehre

Pieter Jacob Cosijn

Kurzgefasste altwestsächsische Grammatik
Erster Teil: Die Lautlehre

ISBN/EAN: 9783743484153

Hergestellt in Europa, USA, Kanada, Australien, Japan

Cover: Foto ©Paul-Georg Meister /pixelio.de

Manufactured and distributed by brebook publishing software (www.brebook.com)

Pieter Jacob Cosijn

Kurzgefasste altwestsächsische Grammatik

KURZGEFASSTE
ALTWESTSÄCHSISCHE GRAMMATIK

VON

P. J. COSIJN.

ZWEITE VERBESSERTE AUFLAGE.

ERSTER THEIL,
DIE LAUTLEHRE.

LEIDEN,
E. J. BRILL.
1893.

DRUCK VON E. J. BRILL IN LEIDEN.

VORWORT.

Das werkchen, das ich hiermit der öffentlichkeit übergebe, ist ein auszug aus meiner vollständigen grammatik des ältesten Westsächsischen, der classischen sprache Aelfreds des Grossen. Eine lange erfahrung hat mich gelehrt dass die Angelsächsische Grammatik von Sievers dem anfänger zu viel bietet: *multa et multum*. Niemand wird wohl bestreiten, dass das Altwestsächsische als der feinste und interessanteste dialect des Altenglischen in erster linie in betracht kommt für jeden, der sich eine gründliche kenntniss dieser sprache und ihrer literatur erwerben will. Im Westsächsischen ist fast alles enthalten — mögen es nun originalarbeiten oder übersetzungen sein — was literarischen werth hat. Daher thut der anfänger am besten, sich erst mit Aelfreds sprachformen bekannt zu machen, bevor er eine ausführliche grammatik zur hand nimmt, welche nicht immer altes und neues mit gehöriger strenge scheiden kann. Bei der eintheilung des stoffes bin ich im allgemeinen d. h. *mutatis mutandis* Sievers treu gefolgt: nur auf diese art lässt sich ein richtiges bild der historischen entwickelung der sprachformen gewinnen. Meine eintheilung in der ausführlichen altwests. grammatik ist für anfänger völlig unbrauchbar. Auch die *termini technici* o- und u-umlaut habe ich acceptiert, weil sie nun einmal nicht zu umgehen sind; nur bedeutet das wort *umlaut* hier etwas anderes als in *i*-umlaut: dort ist es bloss der gleitlaut der gefärbt wird, beim *i*-umlaut braucht nicht einmal mouillierung (wie dort labialisierung) einzutreten (man denke an die trisyllaba) und wird der stammvocal selbst afficiert. Die beispiele sind ausschliesslich meiner eignen arbeit entnommen; wenn Sievers und meine Wenigkeit darin zusammentreffen, so bitte ich den leser zu bedenken, dass ich weder die Cura Pastoralis noch den Orosius ins Altenglische übersetzt habe. Weil ich ausser der Chronik über keine anderen quellen zu verfügen hatte, war ich wohl genöthigt mich bisweilen derselben beispiele zu bedienen, welche sämmtlich in meiner ausführlichen grammatik *suis locis* angeführt sind und in meiner kurzgefassten lautlehre schon vor dem erscheinen der Sieversschen arbeit veröffentlich waren. Das dutzend wörter aus der spätern sprache ist nur angeführt und ausdrücklich als spätwests. bezeichnet, um den anfänger in den stand zu setzen auch andere leichte texte zu lesen, z. b. in Sweet's *Reader*. Den angelsächsischen formen habe ich, wo es nur möglich war, immer die gotischen zur seite gestellt. Wer ohne Gotisch studirt zu haben „Angelsächsich treiben" will, giebt sich vergebliche mühe. Nicht geringen dank schulde ich Herrn gymnasiallehrer H. H. Breuning für seine freundliche hülfe bei der correctur des deutschen textes.

Leiden, den 3. Mai 1893. P. J. Cosijn.

§ 1. **Westsächsisch** heisst der **angelsächsische** dialect von Wessex, d. h. (in weitester ausdehnung) der gegend südlich der Themse zwischen Kent und Cornwall. Dessen älteste denkmäler sind die übersetzungen 1) der Cura Pastoralis Gregors des Grossen und 2) der Chronik des Orosius, beide von Aelfred dem Grossen; und 3) der älteste theil der Sachsenchronik bis 893. In dieser kurzgefassten lautlehre berücksichtigen wir hauptsächlich die ältesten d. h. **altwestsächsischen** sprachformen; wörter oder formen welche zufällig nicht belegt sind, aber mit genügender sicherheit aus der späteren sprache (hauptrepresentant Aelfric um 1000) erschlossen werden können, sind in eckige klammern eingefasst. Nicht westsächsische formen, namentlich aus den poetischen quellen, sind ausdrücklich als solche bezeichnet.

Die vocale.

§ 2. *A, o, u* sind gutturale, *æ, e, i* palatale vocale; die diphthonge beginnen alle mit einem palatalen laut. Die gutturalen consonanten *g, c, sc* werden vor palatalen vocalen, welche nicht durch *i*-umlaut entstanden sind, palatalisiert.

§ 3. Alle vocale und diphthonge kommen sowohl kurz als lang vor. Vocallänge wird bisweilen durch einen acut oder durch doppelschreibung (*aa, oo, uu*) angedeutet.

§ 4.

§ 4. Ein vocal in offener silbe (in freier stellung) heisst *frei*, in geschlossener silbe *gedeckt*. Ein consonant auf welchen ein anderer consonant folgt, heisst *gedeckt*.

Die vocale der stammsilben.

§ 5. Freies *a* bleibt:
1) in den monosyllabis *hwā* got. *hwas*, *swā* got. *swa*; das *a* ist hier gedehnt (§ 62).

2) wenn die folgesilbe einen gutturalen vocal enthält:

a) in derivatis: *ðara* dort, *hwara* wo, *wlacu* lau, *nacod* nackt, *staðol* basis, *gafol* tribut, *laðung* einladung, *stalung* diebstahl, *hraðor* citius, *lator* tardius u. s. w.

b) in der declination: *dagas*, *daga*, *dagum* plur. von *dæg*; *fatu*, *fata*, *fatum* plur. von *fæt*; *smalu*, *smala*, *smalan*, *smalum* von *smæl* klein; *caru* sorge, *sacu* verfolgung u. s. w.

c) in der conjugation: *foran* gehn, *tō faranne*, *faraðʼ*; *laðʼa*, *laðʼaðʼ*, *laðʼode*, *gelaðʼod* von *laðʼian* einladen; *hafa*, *hafast*, *hafaðʼ* von *habban* haben; *magun*, *magon* possunt u. s. w.

3) wenn die folgesilbe ein aus *o* oder *u* geschwächtes *i* oder *e* enthält:

a) in der zweiten klasse der schwachen conjugation vor den endungen -*ian* oder -*igan*, -*igean*, *iað* oder -*igað*, -*igead*, -*ie* oder -*ige*, -*ien(de)* oder -*igen(de)*, weil diese *i* aus *ō* entstanden sind: *laðʼi(ge)an*, *laðʼi(ge)aðʼ*, *laðʼi(g)e*, *laðʼi(g)en*, *laðʼi(g)ende* von *laðʼian* einladen u. s. w.

b) in formen wie *gelaðʼedon* aus *gelaðʼodon* von *laðʼian* einladen, *sē hwatesta* aus -*osta*, superlativ von *hwæt* tapfer, *hacele* aus *hacula* got. *hakuls*, *nafcla* aus *nafula* nabel u. s. w. Auch nach syncopierung dieses *e* bleibt *a*: *gedafnian* passen, *gadrian* aus *gaderian* sammeln, *warnian* aus *warenian* hüten, *fagnian* [1]) aus *fagenian* freuen, woneben formen auf -*onian*.

Anm. Folglich sind *hrædʼor*, *smælor*, *mægun* u. s. w. statt *hraðor*, *smalor*, *magun* u. s. w. durch anlehnung an formen mit *æ* (*hrædʼe*, *smæle*, *mæg*) entstanden.

---

1) Nach Kluge altnordisch, aus *fagna*; vergl. aber as. *faganon*.

§ 6. Freies *a* wird palatalisiert zu *æ*, wenn die folgesilbe ein nicht aus *o* oder *u* geschwächtes *e* enthält:

1) in bildungen wie *mægeð* got. *magaþs*, *hwæðer* got. *hwaþar*, *fæder* got. *fadar*, *wæter* wasser und auch in solchen, welche unursprüngliches *e* zwischen cons. und *r* einschieben: *æker* got. *akrs*, *fæger* got. *fagrs* u. s. w.

2) in den adverbiis auf *-e*: *hræðe* schnell neben *hraðe*, dessen *a* aus dem comparativ und superlativ eindrang.

3) im singular der substantivischen o-stämme: *dæges*, *dæge* von *dæg*; *stæfes*, *stæfe* von *stæf*; *fætes*, *fæte* von *fæt* u. s. w. Alle übrigen flexionsformen haben *a* statt *æ* durch anlehnung an formen mit *a*: *hraðe*, *hraðena*, *hraðes* nach *hraða*, *hraðan*, *hraðum* vom adj. *hræð* schnell; *cwale* von *cwalu* tod, *care* von *caru* sorge, *burgwarena* gen. plur. von *burgwaran* die bürger; *fare*, *faren*, *farende* von *faran* gehn.

Nur vor palatalen erscheint *æ* (neben *a*): *wræce* neben *wrace* von *wracu* strafe, *ðæt wlæce* von *wlacu* lau, *geslægen* neben *geslagen* geschlagen. Von *stræc* strenge sind nur *æ-*, sogar *e-*formen belegt: *ðá stræcan*, *ðám stræcum*, *strece*, *streclice*.

§ 7. Gedecktes *a* bleibt selten: *habban* haben, [*crabba* krabbe], *hnappian* = *hnæppian* einschlafen, *ap(p)la* von *æppel* apfel, *ðaccian* streicheln, *assa* esel, *mattuc* hacke, [*brastlian* krachen]; in den spät entlehnten [*sacc* sack, *trahtnian* tractare, *abbud* abt], *arc* arche, *carcern* kerker, *gemartrian* marteren. Einmal *ðú* art, du bist = *eart*.

Asce asche, [*wascan* waschen, *flasce* flasche] haben freien vocal: *a-sce* u. s. w.; auch [*masc* netz] mit *a* nach den casus obl.

Regelmässig bleibt *a* im starken imperativ: *far* von *faran* gehen.

§ 8. Gedecktes *a* wird sonst zu *æ*, ausser vor *h*, *w*, nasal oder gedeckter liquida (§§ 24, 26, 58): *æt* got. *at*, *nægl* got. *nagl(jan)*, *æfter* got. *aftra*, *ic sægde* ich sagte, *ic hæfde* ich hatte; — *dæg* got. *dags*, *hræd* schnell, *hwæt* tapfer, *wæl* die gefallenen krieger, *fæt* fass, *hwæt* was? *hwæs* wessen? *ic bræc* ich brach, *ic bær* ich trug u. s. w. Auch bei syncope der mittelsilbe in flexionsformen oder bildungen wie *hwætre*, *hwætra*, *hwætne* von *hwæt* tapfer, compar. *hwætra*; *hwæðre* neben *hwæðere* dennoch u. s. w.

§ 9. Für *æ* wird auch *ę* geschrieben: *ęt = æt*, *ðęt = ðæt*, *węter = wæter* u. s. w. Ein seltener variant von *æ*, *ę* ist *e*: *ðes* statt *ðæs*, *ðette* statt *ðætte*, *federa* statt *fædera* u. s. w.

§ 10. Agm. (offenes) *e*, got. *i* = ws. (geschlossenes) *e*, ausser vor nasalen, *w*, *h*, *lh*, *lc* und *r* + cons. oder nach palatalen (§§ 24, 27, 58): *feld* aus *felþu*- feld, *snell* schnell, *spell* got. *spill*, *helm* got. *hilms*, *helpan* got. *hilpan*, *sweltan* got. *swiltan*, *weg* got. *wigs*, *setl* got. *sitls*, *etan* got. *itan*, *brecan* got. *brikan*, *wrecan* got. *wrikan*, *cweðan* got. *qiþan*, *efn* oder *emn* got. *ibns*, *stefn* oder *stemn* got. *stibna* u. s. w.

§ 11. Agm. *i* = ws. *i* ausser vor *r* und *h* (§ 28): *timber* got. *timr(jan)*, *simle* got. *simle*, *winnan* got. *winnan*, *drincan* got. *drigkan*, *inc* got. *iggis*, *stincan* got. *stiggan*, *bindan* got. *bindan*, *ic* got. *ik*, *hit* got. *hita*, *mid* got. *miþ*, *frid* friede, *fisc* fisch, *micel* got. *mikils*, *mis*- praefix got. *missa*- u. s. w.

Das *i* wird gedehnt vor *w*: *niwe* neu got. *niujis*, *hīw* got. *hiwi*, *ðrīwa* dreimal; *ūtāspīwen?* Auch die partikel *bi* hat oft langes *i*, sieh §§ 17, 62.

Labialisierung (rundung) des *i* zu *y* ist selten: *tymbran*, *drync* trinke, *mycel*, *hē brycð* neben *bricð* er bricht, *hē spryngð* er springt u. s. w.

§ 12. Agm. *o* bleibt vor allen consonanten ausser *m*, *n* (*ng*, *nc*): *boda* bote, *bodig* eng. *body*, *boga* bogen, *broc* qual, *corn* got. *kaurn*, *folgian* folgen, *forht* got. *faurhts*, *gold* got. *gulþ*, *holh* höhle, *geoc* got. *juk*, *geloccian* locken, *lot* betrug, *loða* mantel, *ofer* got. *ufar*, *oxa* got. *auhsa*, *olfend* kameel got. *ulbandus*, *open* offen, *pohha* beutel, *scop* dichter, *wolcn* wolke u. s. w.

§ 13. Agm. *u* bleibt (ausser vor *r* aus *z*, sieh unten): *sunu* got. *sunus*, *dumb* got. *dumbs*, *grund* got. *grundu*-, *hund* got. *hunds*, *hungor* got. *huggr(jan)*, *unc* got. *ugkis*, *undern* got. *undaurni*-, *burna* got. *brunna*, *lust* got. *lustus*, *hwurful* unstät, *sculdor* schulter, *burg* got. *baurgs*, *duguð* tugend, *þurst* durst u. s. w. Statt *o* haben *u*: *duru* thüre, *fugol* vogel, *full* voll, *furðor* weiter, neben *forð*, *lufu* got. *lubô*, *lufian* to love, *murc-*

§ 13. 5

(*n*)*ian* murren, *rust* rost, *sugu* nl. *zeug*, *ufan*(*e*), *ufer*(*ra*) oben, -er(e), *wulf* wolf, *furðum* doch, *up(p)* mnl. *up*, [*murnan* to mourn, *bucca* bock]; [*spura*] sporn hat [*spora*] neben sich.
Vor *r* aus *z* wird *u* zu *o* : im betonten praefix *or*, got. *us*; *orwéna* got. *uswéna*, *orsorg* sorglos, *orðonc* klugheit, *ormód* muthlos u. s. w.

§ 14. Agm. offenes *é* = aws. *ǽ* ausser vor *w*, *h* (§ 29) und *m*, *n* (§ 24): *mǽg* got. *mégs*, *grǽdig* got. *grédags*, *rǽdan* got. *rédan*, *slǽp* got. *sléps*, *wǽpn* got. *wépn*; das praefix *ǽ*- ahd. *á*- u. s. w. Vgl. aber ags. *nǽdre* und got. *nadrs*, *hwǽr*, *ðǽr* und got. *hwar*, *par*. Auch lat. *á* wird als *ǽ* aufgenommen: *strǽta* w. z. *strǽt*; aber das spätere *pāpa* engl. *pope* bleibt.

Mit *á* anstatt mit *ǽ* erscheinen *mágum* dat. plur. von *mǽg*, *wárum* dat. plur. von *wǽr*, *slápan* und *slápian* neben *slǽpan*, *lácnian* neben *lǽcnian*, also vor gutturalem vocal der folgesilbe. Nach *w*: *swár* § 55.

Vor *w* erscheint nur *á*: *táwian* behandeln, *sáwun* sie sahen, *bláwan* blasen, *cráwan* krähen, *cnáwan* to know, *máwan* to mow, *ðráwan* to throw u. s. w.

Langes *ā* in lehnwörtern wie *sācerd*, sacerdos, *māgister*, *āpostel*, *āðamans*, *cālend*, *pālendse* entstand durch dehnung des urspr. kurzen lat. *a*.

Ueber *é* in tieftonigen silben sieh § 67.

§ 15. Agm. geschlossenes *é* = ags. *é* in *Crécas* neben *Créacas* Graeci (got. *Kréks*), *hér* got. *hér*, [*cén* kien (merkwürdigerweise nicht *céan!*), *Wéland* Wieland]. Gotischem *mizdô* entspricht *méd* aus *mezd* neben anglischem *meord* § 28. Ferner hierher die starken praeterita *hét*, *slép* u. s. w. (nach Sievers).

§ 16. Agm. *í*, *ó*, *ú* bleiben; die länge wird oft durch doppelschreibung bezeichnet: *líf*, *liif* eng. *life*, *tíd*, *tiid* zeit, *wís*, *wiis* weise, *fót*, *foot* got. *fótus*, *gód*, *good* got. *góds*, *pól*, *pool* pfuhl, *tún*, *tuun* engl. *town*, *búgan* nl. *buigen*, *dúfan* tauchen, *ofdúne* engl. *down*, *fúl* engl. *foul*, *rúm* got. *rúms* u. s. w.

§ 17. Statt *í* begegnet auch *ig*: *big* = *bí* § 11; vor *e* werden *íg* und *íc* auch zu *igg*, *icc*: *stiggende* steigend, *swigge* silentium, *swiggende* schweigend, *liccettan* heucheln, *siccettan* seufzen.

§ 18. Statt *ó* haben einige minder betonten wörter *á*: die pronomina *ðá* got. *pó*, *pós*, *ðás* diese *npf.*, die partikel *ðá* mnl. *doe*, und das zahlwort *twá* got. *twós*. Sonst wird auslautendes *ó* zu *ú*: *bú*, *tú* got. *ba*, *twa*, *hú* nl. *hoe*, [*eú* nl. *koe*]. Die partikel *tó* (in der bedeutung des got. *du* und *dis-*, *twis-*) hält das *ó* fest. *Bútu* beide, woneben *búta*, hat das auslautende *u* gekürzt.

Die diphthonge.

§ 19. Agm. *ai* wird zu ags. *á* (monophthongierung): *án* got. *ains*, *brád* got. *braids*, *hád* got. *haidus*, *hátan* got. *haitan*, *hláf* got. *hlaibs*, *má* got. *mais*, *sár* got. *sair*, *stán* got. *stains* u. s. w. *Cásere* aus *Caesar*. Ebenso *ðá* got. *pai*, *ðás* npm. diese.

Die partikeln *á* got. *aiw* und *ná* got. *ni aiw* werden besonders in der composition mit *wiht* (*wuht*, -*uht*) und *hwæðer* zu *ó*, *nó*: *nówiht*, *nówuht*, *nóht* nichts; *nóhwæðer*, *nówðer*, *nóðer* engl. *neither*, *óðer* eng. *either*.

§ 20. Agm. *au* wird über *ao*, *œo* zu *ea* (*œa*): *céapian* got. *kaupón*, *deað* got. *daupus*, *éac* got. *auk*, *éage* got. *augó*, *héafod* got. *haubiþ*, *héah* got. *hauhs*, *léan* got. *laun*, *ðéah* got. *þauh* u. s. w.

Agm. *auw*, got. *aggw* wird zu ags. *éaw*: *gléaw* got. *glaggwu-(ba)*; ebenso *héawan* hauen, *hnéaw* karg, *scéawian* schauen, [*ðéaw* sitte, *déaw* tau]. Beachte *béam* got. *bagms!*

§ 21. Agm. *eu*, got. *iu* wird ags. *éo* (älter *eu*): *béodan* got. *biudan*, *déop* got. *diups*, *déor* got. *diuz*, *géotan* got. *giutan*, *léoht* got. *liuhaþ*, *ðéod* got. *þiuda*, *séoc* got. *siuks* u. s. w. Daneben *ío*: *bíodan*, *díop*, *gíotan*, *líoht*, *ðíod*, *síoc* u. s. w.

Agm. *euw*, got. *iggw* w. z. *éo* (*ío*): *getréow* got. *triggws*; *tréowa*, *tríowa* (plur.) got. *triggwa*; ebenso *hréow* reue, *hréowan* reuen, *wælhréow* grausam u. s. w.

§ 22. Mit *éo* entsprechen *féower* vier, *éow*, *íow* euch, *éower*, *íower* euer, den got. formen *fidwór*, *izw-is* und *izwar*.

§ 23.

§ 23. Aus contraction entstanden (vor dem eintritt des *i*-umlauts § 43) nachfolgende diphthonge:
1) *ie* aus *i + e*: *híe* sie, *hē síe* er sei, plur. *síen;* ƕ*ríe* got. *preis.*
2) *ío, éo* aus *i, í + gutt.* vocal: *hío, héo* sie, *sío, séo* die, ƕ*río* plur. fem. und neutr. von ƕ*ríe* got. *preis; fíond, féond* got. *fíjands; fríond, fréond* got. *frijónds; fíoung* zu *fíogean* aus *fijójan* got. *fíjan; fríoh, fréoh* mit anorganischem *h* aus *frijoz, fríoz* got. *freis; gefréogean* befreien; *bíon, béon* sein.

Der einfluss der nasale.

§ 24. 1) Agm. *a* ward vor nasalen zu ags. *å*. Wo *a* und *o* in der schreibung regellos wechseln, war die aussprache wohl *å: nama, noma* got. *namô; gram, grom* grimmig, *mann, monn* mann, *land, lond* land, *lang, long* lang, ƕ*anc,* ƕ*onc* dank u. s. w. Aber fast ausschliesslich *o* in *on* in, *ond* und, ƕ*one* den, *hwone* wen? ƕ*on* eo, *hwon* quo, ƕ*onon* daher, *hwonon* woher, ƕ*onne* dann, *hwonne* wann? Fremdwörter meistens mit *a: plante* planta, *sancte* sancti u. s. w. In der späteren sprache herscht *a*.

2) agm. *ém, én* werden über *ám, án* zu *ôm, ôn: cômun* got. *qémun* (wonach *coom, côm* got. *qam*), *môna* got. *ména, mônað* got. *ménôps, sôna* mnl. *saen, sôm* lat. *sémi-* (daneben *sám;* oder *sam?*). Ueber *forwána* sieh § 55. *Námon* got. *némun* ist analogiebildung (*bræc: bræcon = nam: námon*); die richtige form ist *nôman*.

3) *e* und *o* werden vor nasalen zu *i* und *u: a) niman* nehmen; ebenso die fremdwörter *gim* lat. *gemma, minte* lat. *mentha, pinsian* lat. *pensare;* aber das „gelehrte" *templ* aus *templum* bleibt. *Emn, stemn* aus *ebn, stebn* behalten das *e;* — *b) cuman* kommen, *wunian* wohnen, *hunig* honig u. s. w.; ebenso *munt* lat. *mons, munuc* lat. *monachus, nunne* lat. *nonna, pund* lat. *pondo.*

Nasalierung von vocalen.

§ 25. Vor harten spiranten (*h, f, þ, s*) werden *on* (aus *an*), *in, un* zu nasalvocalen; diese gehen weiter in *ô, í, ú* über:

1) agm. *ans*, *anh*, *anþ*, *amf* werden zu *ós*, *óh*, *óð*, *óf*: *Answald* w. *Oswald*, [*gôs*, *gans*, *hôs* got. *hansa*], *wôh* got. *-wâhs*, *tôð* nl. *tand*, *óðer* got. *anþar*, *fôn* aus *fôhan* got. *fâhan*, *hôn* aus *hôhan* got. *hâhan*, *sôfte* sanft (adv.). *Brôhte*, *ðôhte* got. *brâhta*, *þâhta* haben nach Sweet das *ô* gekürzt, § 65.

2) agm. *in* und *un* + stimmloser spirans werden zu *í*, *ú* + spirans: *fíf* got. *fimf*, *síð* got. *sinþ*, *swíð* got. *swinþs*, *cúð* got. *kunþs*, *múð* got. *munþs*, *ús* got. *uns*; aber *pinsian* lat. *pensare* hält das *n* fest. Ueber *ðúhte* und *on úhtan* sieh § 65.

3) In mittel- oder endsilben wird das *n* gleichfalls ausgestossen: *iuguð* jugend, *duguð* tugend, *seofoða* der siebente, *nigeða* der neunte, *téoða* aus *tehoða* der zehnte, alle mit *-uð-*, *-oð-* aus *-unþ-*. Die 3. ps. plur. praes. ind. endigt auf *-að* aus *óð*, *onþ*, *anþ*: *nimað* u. s. w., sieh die conjugation.

Die brechung.

§ 26. Zwischen *a*, *e* oder *i* und *h* oder gedeckter liquida entwickelte sich ein deutlich hörbarer gutturaler gleit- oder übergangslaut: aus der verbindung von voc. + gleitlaut entstanden die kurzen diphthonge *ao*, *eo*, *io; ao* geht (über *œo*) in *ea* über; *eo* und *io* wechseln. Der ursprüngliche vocal erschien als gebrochen: *inde nomen*.

1) *ah* wird zu *eah*: *ic geseah* got. *gasahw*, *ðū meaht* got. *magt*, *eahta* got. *ahtau*, *eahtian* beachten, *reahtian* disputieren, *ðeahtian* überlegen, *hleahtor* gelächter, *leahtor* laster u. s. w. Auch vor *x* aus *hs*: *ðá Seaxan* Saxones, *weaxan* got. *wahsjan*, *seax* messer. Einzige ausnahme die partikel *ah* (*āh*?) neben *ac*, got. *ak*.

2) *al* + cons. oder *all* bleibt selten; meistens wird daraus *eal* + cons., *eall*: *all*, *eall* got. *alls* (aber *œl-* got. *ala-*), *bald*, *beald* got. *balp(ei)*, *haldan*, *healdan* got. *haldan*, *half*, *healf* got. *halbs*, *salt*, *sealt* got. *salt*, *scealt* got. *skalt*, *Wealh*, *Walh* Gallus, *cwealm* tod, *gealla* galle, *ccald* kalt, *heals* got. *hals*, *healt* hinkend, *wealcan* walken, *wealwian* rollen u. s. w. Auch alte lehnwörter wie *cealc* kalk, lat. *calx*, und das späte *(p)sealm* neben *(p)salm* psalma.

Anm. *Al*, dem kein cons. folgt, wird zu *œl*: *hœl*, *wœl*, *stœl* § 8. Die brechung ist älter wie die consonantengemination vor *j* (§ 76, 2); folglich haben *tellan*, *sellan*, *hell* keinen »brechungsumlaut" (§ 32, § 42, 1).

3) *ar* (d. h. agm. *ar*) + cons. wird zu *ear*. Einzige ausnahme *þū art* neben *eart* du bist (*barn* van *biernan* steht für *brann* § 82): *earm* got. *arms*, *bearn* got. *barn*, *geard* got. *gards*, *heard* got. *hardus*, *hwearfian* got. *hwarbôn*, *ðearf* got. *þarf*, *cearf* praet. von *ceorfan*.

Später aufgenommene fremdwörter behalten *a*: *gemartrian*, *arcebiscop*, *karkern* lat. *carcer;* oder fügen sich der regel: *cearcern*, *earc*, arca; daneben *œrcebiscop* (kentisch?).

Ar aus agm. *az* wird zu *ear* in *gecarnian* verdienen, vergl. hd. *ernte* und got. *asans* (daneben *esne* got. *asneis*); *azd* wird zu *eord* in *reord* stimme, sprache, got. *razda* ahd. *rarta*. Sieh weiter § 44.

Gearo, *nearo* und *seara* haben *ea* aus den casus obl. mit *rw*, sieh die declination.

Die brechung unterbleibt bei metathesis des *r*: *gœrs* aus *grœs* gras; *barn* oder *bœrn* praet. von *birnan* brennen, *bœrst* praet. von *berstan*, beide aus *brinnan*, *brestan*; *œrn* got. *razn* § 82. Die metathesis ist also jünger als die brechung.

Anm. Bisweilen fehlt der zweite component des diphthongen *ea*: *helf*, *flex*, *fellan*, *mœhte* oder *mehte*, *hwœrfian*, *huerf* u. s. w.

§ 27. — 1) *Eh* wird zu *eoh* (*ioh*): *geseoh* got. *gasaihw*, *feoh*, *fioh* got. *faihu*, *pleoh*, *plioh* gefahr, *teohhian* meinen.

Eoht in *feohtan*, *gefeoht*, *cneoht*, neben *iht* in *riht*, *ryht* und *cniht* §§ 47, 48.

2) *elh*, *elc* werden zu *eolh*, *eolc*: *āseolcan* erschlaffen, [*seolh* seehund, *meolcan* melken]. *Féolan* aus *feolhan* § 63. Im Orosius auch *seolf*, sonst *self* got. *silba*.

3) *er* + cons. w. z. *eor* (*ior*) + cons.: *beorht*, *biorht* got. *bairhts*, *heorte* got. *hairtô*, *heord*, *hiord* got. *hairda*, *feorm*, *fiorm* usus, *feorr*, *fiorr* got. *fairra*, *weorpan* got. *wairpan*, *feorh* got. *fairhwus*, *georn* got. *gairns* u. s. w.

§ 28. *Ir* (agm. *ir* und *iz*) und *ih* werden zu *ior*, *eor*, *ioh*, *eoh*: *cwiorn*, *cweorn* got. *qairnus* (ahd. *quirn*), *geleornian* aus *giliznôjan* [1]) lernen, *leoht* aus *liht*, gekürzt aus *liht* (§ 65) leicht; *betreoh* aus *betrih* (neben *betríh*) mit *i* durch anlehnung an *betwisc, das *per metathesin* zu *betrix* und weiter über *betwihs, *betweohs zu *betweox*, sogar *betwiux* und mit einem -*n*-suffix zu *betweox(e)n* ward.

Irnan aus *rinnan* (das in *tórinnan* blieb) und *birnan* aus *brinnan* § 82 sind jünger als die brechung; vergl. auch § 26, 3.

§ 29. Auch *œ̂* wird vor *h* „gebrochen": *néah* aus *nǽh* got. *néhw*.

Vocaleinschub nach palatalen.

§ 30. Zwischen palatal und vocal entwickelt sich ein *i* oder *e* (aus *i*), das den silbenaccent übernimmt. Aus der verschmelzung dieses betonten „parasitischen" *i, e* mit dem nachfolgenden tonlosen wurzelhaften vocal entstehen neue diphthonge:

1) ags. *gœ, cœ, scœ* (§ 8, aus agm. *ga, ka, ska*) werden zu *gea, cea, scea*: *hē gcaf* got. *gaf*, *geat* got. *gat(wó)*, *hē ongeat* er bemerkte, *ceaster* aus lat. *castra*, *sceal* got. *skal*, *sceatt* got. *skatts*, *sceabb* aussatz, *ongeagn* einmal neben *ongéan* § 64 u. s. w.; *sceaft* schaft, *gesceaft* geschöpf ohne *i*-umlaut. Der lautgesetzliche plural von *geat* ist *gatu, -a, -um*; die form *geatu, -a, -um* bezog ihr *ea* aus dem sing.

Statt *ea* selten *e: gef, forget, cester, scel* neben *scœl* u. s. w.

Formen welche jünger sind als dieses lautgesetz zeigen *œ*: [*cœppe*, cappa], *cœfester* capistrum, *gœglbǽrnes* üppigkeit; über *tó-, atgœdere, gœderian, gœdeling* sieh § 34.

2) agm. *jé, gé, scé* w. z. *géa, scéa: géar* got. *jér, scéap* schaf, *scéara* schere, *híe ongéaton* sie bemerkten, *hē géafe, híe géafen* er gäbe, sie gäben u. s. w. Der zweite component wird oft ausgelassen: *gér, géfe* u. s. w.

3) agm. *ge, sce* w. z. *gie, scie: giefan* geben, *gieldan* gelten, *gielpan* prahlen, *scield* schild, *scieran* scheren u. s. w. Daneben

---

1) Vielleicht ward agm. *iz* zu *er*, wie *uz* zu *or*; dann wäre *gileznôjan* anzusetzen verg *mizdō, mezdu, merdu: mēd* oder *meord* § 15, wie *hē, wē, gē* u. s. w.

§ 30.

gifan, gildan, gilpan ohne *e*, und zweimal *sceld*. „Gebrochene" diphthonge bleiben: *gcorne*, gern, *ceorfan* schneiden u. s. w.

4) agm. *ja* w. z. [*gea*], got. *ja*; die tonlose form ist *gē* — *gē* und — und; weiter diphthongiert zu *ie* in *gi(e)f* got. *jabai*, *giese* engl. *yes*.

5) agm. *ju* bleibt (geschr. *iu*) oder wird zu *giu, gio, geo: iung, giung, giong, gcong*, woraus wieder *iong*, got. *juggs; iu, gio* got. *ju; giocða* ohne umlaut neben *gi(e)cða* § 37.

6) agm. *jo* wird zu *gio, geo: giok, geok* got. *juk* § 78. Ags. *jó* (aus agm. *jé* vor *m*) w. z. *géo* in *géomor* jammer.

7) agm. *sca* bleibt oder wird zu *scea* (vor nasalen auch *sceo*): *scadu, sceadu* got. *skadus, gesceapen* geschaffen, *scamian, sceamian, sc(e)omian* got. *skaman sik; scand, sceand, scond, sceond* schande; *sconca, sceonca* bein. Ebenso ags. *scá* aus *skai* in *scádan, scéadan* scheiden.

8) agm. *sco* und *scó* bleiben oder werden zu *sceo, scéo: scop, sceop* dichter, *wiðsceorian* widerstreben, *scolde, sceolde*, sogar *sciolde* got. *skulda; biscop, bisceop* bischof, *hē scóp, scéop* er schuf, *scéogian* beschuhen u. s. w.

9) agm. *scu, scú* bleibt: *sculdor*, schulter, *scúr* schauer. *Sceolan, sceolon* neben *sculon* got. *skulun* hat sein *o* dem praet. entlehnt. *Scéofan* aus *scúfan* schieben ist in unseren texten nicht belegt.

Anm. Einige forscher sehen in *sce* bloss ein mittel zur bezeichnung des palatalen *sc*: die doppelformen *gescendan* aus *giscandjan* und *gesciendan* aus *gisceandjan* unterstützen diese deutung nicht; sieh § 42, 1, *b*.

DIE UMLAUTE.

Der i-umlaut.

§ 31. Ein *i* oder *j* in unbetonter silbe assimiliert den vocal der tonsilbe. Durch diesen lautwandel wird ein *á* zu *é, à* zu *è, é* zu *í, è* zu *ì* (letzteres schon im Urgermanischen), *ò* zu *ö* (in *Behörde*), *ó* zu *ö* (in *schön*), *u* zu *ü* (*y*). Durch den acut werden hier geschlossene, durch den gravis offene laute bezeichnet.

§ 32. Agm. *a* wird über *æ* (§ 6 und 8) zu *e*: *mete* got. *mati-*, *betera* got. *batiza*, *nerian* got. *nasjan* (statt *nazjan*), *ege* got. *agis*, *eft* wiederum, *esne* got. *asneis*, *hnesce* weich, *sellan* und *tellan* got. *saljan* und *taljan* (vgl. § 26), *hell* got. *halja* (ibid.), *ferian* got. *farjan*, *esul* got. *asilus*, *gerestan*, ruhen u. s. w.
Ein graphischer variant von *e* ist *æ*: *slæge* = *slege* schlag u. s. w.

§ 33. Mit *æ* statt *e* kommen vor:
1) *stæpe* schritt, *stæppan* stapfen, *gemæcc(e)a* genosse, *wræcc(e)a* verbannter (beide in anderen quellen auch mit *e*), *ādwæscean* auslöschen, *fæstan* befestigen, *ungestæđđig* unstät, *cræft* craft, *gedæftan* berichtigen, *hæftan* heften.
2) conjugationsformen der verba mit innerem *a*: *fæređ*, *sæceđ* 3 sg. praes. ind. von *faran*, *sacan*; die part. praet. -*hæfen* neben -*hafen* von *hebban*, -*færen* neben -*faren* von *faran*, *geslægen* von *slean*, *geđwægen* von *đwéan* sind zweideutig (§ 6); desgleichen *hæfst*, *hæfđ* von *habban* und *sægst*, *sægđ* von *secgan*.

§ 34. Freies *a*, das vor dem guttural der folgesilbe *a* blieb (§ 5), wird durch das -*i* der schlusssilbe zu *æ* umgelautet (Kluge): *fæsten* got. *fastubni*, *æces* aus *acusī*, *æđele* aus *apuli*, *hærfest* aus *harubist*, (*æt-*, *tō*)*gædere* aus *gadurī*, danach *gæderian*, [*lætemest* aus *latumist*, *gædeling* aus *gaduling*]. Vor nasalen natürlich *e*: *fremde* got. *framaþja-*. Ein *j* der schlusssilbe bewirkt keinen umlaut: *đafettan* schmeicheln, *fædera* oheim; vgl. auch die 2. klasse der schwachen verba auf -*ōjan*. Eine durch position urspr. lange mittelsilbe verhindert den umlaut: *inguđ*, *duguđ*, plur. *mōnađ* etc. aus *jugunþi*, *dugunþi*, *ménōþi(z)*, die participia auf -*ende* aus *andi* u. s. w.

§ 35. Der *i*-umlaut von *o* ist in der älteren sprache *ö*, geschr *oe*: *oele* aus *oli* (lat *oleum*); später wird *ö* zu *e*: *ele*; *mergen* got. *maurgins* neben unumgelautetem *morgen* (aus *morgan*).

§ 36. Der *i*-umlaut von *å* aus agm. *a* vor nasalen ist *e* aus offenem *ö*: *temian* got. *tamjan*, *nemnan* got. *namnjan*, *kennan* got. *kannjan*, *brengean* aus *brangjan* (neben *bringan* got. *briggan*) u. s. w. Ebenso *engel* (*encgel*) got. *angilus* lat. *angelus*, *Kent* Cantium,

§ 36. 13

Temes Tamesis. Letztere formen beweisen dass der *i*-umlaut sich auf englischem boden vollzog (Taalk. Bijdr. 2, 272). Das datum (wie aus christlichen „gelehrten" wörtern wie *glésan* hervorgeht) ist wahrscheinlich ± 600 p. C. (Pogatscher). Nebenformen mit *y* liegen vor in *drync* = *drenc* trank, *hálwynde* = *hálwende* heilsam, *swynge* = [*swenge*] schlag.

Vor versetztem *r* erscheint *œ*: *bœrnan*, *œrnan* § 82 aus *brannjan*, *rannjan*.

§ 37. Der *i*-umlaut von *u* ist *y*: *kyning*, könig, *byrne* got. *brunjô*, *kynn* got. *kuni*, *dryhten* got. *drauhtin(assus)*, *fyllan* got. *fulljan*, *gylden* got. *gulpeins*, *hype* got. *hupi*- u. s. w. *Mynster* lat. *monasterium (monsterjo)*, *pytt* lat. *puteus (putjo)* u. s. w. In der conj.: *hē cyme* er komme, *hē dyrre* er wage, *hē đyrfe* er brauche, *hē scyle* er müsse, *hē gemyne* er gedenke. Umlautsformen wie *téđ*, *béc*, *byrg* sieh die decl.

Selten *i* statt *y*: *tihtan*, *tyhtan* antreiben, *disig*, *dysig* thöricht, *simbel*, *symbel* gastmahl; öfter nach *j*, *g*, *c*, *sc*: *gingra*, *gingest* (immer mit *i*) von *iung*; *gicđa*, *giecđa* (neben unumgelautetem *giocđa* § 30) aus *jukipa*; *cining*, *cing* neben *cyning*; *scicle*, *scile* neben *scyle*; *unscildig* neben *unscyldig*.

Die form *unnetlic* neben *unnytlic* ist kentisch. *Embe* neben *ymbe*, *nele* neben *nyle*, *nellađ* neben *nyllađ* haben vielleicht *e* aus agm. *a*.

§ 38. Ags. *ǽ* aus agm. *é* bleibt vom umlaut unberührt: *dǽd* got. *dédi-*, *lǽce* got. *lékeis* u. s. w. *Lǽden* aus *ládín* (lat. *lătínus*).

§ 39. Der *i*-umlaut von *ó* ist *é* aus langem *ö*; dieses *ö* ist noch in einigen formen belegt (geschr. *oe*):

1) *ó* = agm. *ó*: *sél* besser aus *sôliz*, *soelest* neben *sélest* ablautender compar. und superl. von got. *séls* gut; *oeđel*, *éđel* vaterland, *déman* got. *dômjan*, *gréne* grün u. s. w. Hierher (nach Sievers) *bégen* beide, *twégen* zwei.

2) *ó* aus agm. *é* vor nasalen: *gecwéman* gefallen, *cwén* got. *qéns*, *wén* got. *wéns* u. s. w.

3) *ó* aus *ân*, agm. *an* vor harten spiranten (§ 25): *éhtan* aus *anhtjan* verfolgen, *ést* got. *ansti-*, *séfte* aus *samftjo-*, *genéđan* got. *gananþjan*.

§ 40. Der *i*-umlaut von *á* ist *ý*: *brýd* braut, *drýge* trocken, *fýst* faust u. s. w. Statt *jge* auch *ygge*: *drygge*, *dryggean*. Ebenso *j* aus *un* vor harten spiranten (§ 25): *cýðan* got. *kunpian*, *wýscean* wünschen.

§ 41. Der *i*-umlaut von *á* aus agm. *ai* (§ 19) ist *ê*: *hêlan* got. *hailjan*, *êrra* got. *airiza*, *bêdan* got. *baidjan* u. s. w. Ebenso *êllef* got. *ainlib-* in *hundêlleftiogoða* der hundert und zehnte; daneben *en(d)lefan* elf, mit tonloser vorsilbe.

Bisweilen finden sich doppelformen mit und ohne umlaut (wie (§ 35) *mergen* und *morgen*): *ágen* (aus *aigano-*) und *êgen* got. *aigins*; *twám* und *twêm*, *bám* und *bêm*, *hwám* und *hwêm*, *ðám* und *ðêm* dat. von *twégen* zwei, *bégen* beide, *hwá* wer? *sé* der. Unklar ist *éce*, got. *ajuk(dúþs)*.

§ 42. Der *i*-umlant der kurzen „gebrochenen" und der langen diphthonge (*ea*, *eo*, *io*, *éa*, *íu*) ist kurzes, resp. langes *ie*, welches selten in der alten, regelmässig aber in der spätern sprache in *y*, *ý* übergeht. Neben *ie*, *íe* erscheint auch einfaches *i*.

1) *Ea* wird zu *ie*, *i*:

a) als brechungsdiphthong (*œo*) § 26: *hli(e)hhan* got. *klahjan*, *mi(e)ht* got. *mahti-*, *ni(e)ht* nacht, *i(e)ldra*, *ieldest* got. *alpiza* u. s. w., *bi(e)ldo* got. *balpei*, *bi(e)ldan* got. *balpjan*, *hi(e)lt* aus *hœoldiþ* von *healdan* halten, *wielm* wallung, *gewieldan* unterwerfen, *gehi(e)rdan* got. *gahardjan*, *di(e)rne* verborgen, *i(e)rfe* got. *arbi*, *-wi(e)rdan* got. *-wardjan*, *forwiernan* vorenthalten u. s. w.

Seltene nebenformen mit *e* aus ungebrochenem *a* sind *hlehhan*, *meht*, *beldo*, *welm*, *geweldan*, *forwernan*. Dieses *e* wird weiter 'gebrochen' zu *ea* in *hearstepanne* neben *hierstepanne* bratpfanne, *gehwearfnes* neben *gehwierfnes* bekehrung.

Das später regelmässige *y* findet sich neben *ie*, *i* in unsern texten besonders vor *l* oder *r*: *yldo* alter, *yldest* ältest, *wyll* brunnen, *gewyldan* unterwerfen, *dyrne* verborgen, *gehwyrfan* wenden, *wyrnan* verhindern u. s. w.

b) nach palatalen (§ 30): *giesð* got. *gasti-*, *ciefes* kebse, *ciele* kälte, *sciell* got. *skalja*, *gesci(e)ndan* schenden, *besciered* beraubt, *Sci(e)ppend* schöpfer, *gierwan* bereiten. Nicht diphthongierte formen (mit *a* wie *scand*) haben *e* als *i*-umlaut: *gescendan*, *Scep-*

§ 42. 15

pend, gerwan, kele. Nebenformen mit *y* statt *ie*: *scyll, gescyndan.* Hierher das suffix *-scipe* nl. *-schap* hd. *-schaft.*

2) *éa* w. z. *ie, í*; später *ý*:

a) *éa* aus *ǽ* nach palatalem *c* w. z. *ie* in [*cíese*] aus lat. *cáseus* (*cásjo*); später *cýse.*

b) *éa* (*æo*) aus agm. *au* w. z. *ie*: *gí(e)man* got. *gaumjan, hí(e)nan* got. *haunjan, hí(e)ran* got. *hausjan, álí(e)fan* got. *uslaubjan, gelí(e)fan* got. *galaubjan, lí(e)san* got. *lausjan, ní(c)d* got. *naudi-* u. s. w.

Das *ŷ* ist in unsern quellen selten: *āgŷmeléasian* vernachlässigen, *ālŷfan, gelŷfan, féowerscŷte* viereckig.

— *íege* wird auch zu *igge* (selten *icgge*): *liegges* flammae, *igge* insulae, *gebigged* von *bíegan* beugen, *gecigged* gerufen, *torenigge, siwenigge* lippus u. s. w.

Neben *íe* erscheint bisweilen *é*: *dégle = díegle* verborgen, *géman = gíeman* beachten, *gehéran = gehíeran* hören, *āléfan = ālíefan* erlauben, *gehénan = gehíenan* got. *haunjan*; — *éje* wird weiter zu *eige, eigge* nebenformen van *íege, ígge* gen. dat. acc. sg. von *íeg* insel.

3) Die gebrochenen kurzen *eo, io* (§§ 27, 28) w. z. *ie, i*, später regelmässig *y*: *i(e)rre* got. *airzeis, gi(e)rnan* got. *gairnjan, gebi(e)rhtan* got. *gabairhtjan, hi(e)rde* got. *hairdeis, gewrierlan* wechseln, *hē fi(e)ht* er ficht von *feohtan* u. s. w. Nebenformen mit *y* haben *wi(e)rsa, wyrsa* got. *wairsiza*, superl. *wi(e)rrest, wyrrest; wi(e)rðe, wyrðe* würdig; *hē wi(e)rð, wyrð* got. *wairpiþ; bi(e)rhto, byrhto* got. *bairhtei* u. s. w.

4) agm. *iu* wird zu *íe, í*, später regelmässig *ŷ*: *lí(e)htan* got. *liuhtjan, stí(e)ran* got. *stiurjan, onsí(e)n* got. *-siuni-, αlðí(e)dig* zu *ðéod* volk, *-ðí(e)dan* fügen, *ðí(e)stro, ðí(e)sternes* finsterniss, *āðí(e)strian* verfinstern. Unumgelautete nebenformen mit *éo* sind *ðéosternes, āðéostrian*. Mit *ŷ* begegnen *lŷðre, lŷðerlic* 'liederlich'; *seŷt* 3 sg. praes. ind. von *scéotan* schiessen, neben *scíet.*

— agm. *iuw* (got. *iggw*) in *getríewe* getreu, *getríewan* trauen.

§ 43. Ags. *ío* aus *i + ó* § 23 in *fríond, fréond, fíond, féond* wird durch *i*-umlaut zu *íe*: *fríend, fíend* im dat. sg. und nom.-acc. plur.

§ 44. *Eor* aus agm. *az* erleidet keinen *i*-umlaut: so in *ge-*

reorde aus *garazdi* sprache, mahlzeit; *gereordan* speisen. Aber *gierd* (aus *gazdi*) gerte, mit regelmässiger brechung; also entspräche dem got. *gazds* ein ags. *geard, vergl. § 26, 3; oder die etymologie ist falsch.

§ 45. Auch beim zusammenstoss von vocal und *i* entsteht umlaut: 3 sg. *hē dēð* er thut, *hē gǣð* er geht, 2 sg. *ðū dḗst*, *ðū gǣst* aus zweisilbigen *dó-ip*, *gá-ip*, *dó-ist*, *gá-ist*. Cf. *mīst*.

§ 46. *I*-umlaut durch mouilliertes *h*, das nach syncope des *i* vor harten spiranten (§ 96) bleibt, findet sich 1) in bildungen wie [*híehð*] aus *hauhipu* höhe, *fǣhð* aus *faihipu* feindschaft; 2) in superlativis wie *híehst* aus *hauhist* höchst, *níehst* aus *néh(w)ist* nächst; 3) in der 2. und 3. sing. praes. ind. von starken verba: *ðū slichst*, *hē slichð* von *sléan* got. *slahan*, *hē ðwi(e)hð* von *ðwéan* got. *þwahan*, *hē gefí(e)hð* von *geféon* sich freuen, *hē féhð* von *fôn* got. *fáhan*, *hē tí(e)hð* von *téon* got. *tiuhan* u. s. w.

Der palatalumlaut.

§ 47. Palatales *h* in den verbindungen *hs* (*x*) und *ht* verursacht umlaut in *siex*, *six* sechs; *wri(e)xl* wechsel, *cni(e)ht* knecht. Folgender gutturaler vocal scheint diesen umlaut zu verhindern: die form *cneoht* kommt wohl ursprünglich nur dem plural zu: *cneohtas, -a, -um*, daraus durch wechselwirkung wiederum ein *cneoht* und ein plur. *cni(e)htas*. *Feohtan*, *gefeoht* haben immer *eo*.

§ 48. Labialisierung (rundung) des *i* zu *y* in *ryht*, selten *riht* recht.

Der o-umlaut.

§ 49. Ags. *el* bleibt vor *o* oder *a* der folgesilbe oder wird zu *eol*: *helan*, *heolan* hehlen, *wela*, *weola* reichthum (gp. *welona*, *weolena*); *fela* viel, selten *feola* neben *feala*.

§ 50.

Eor in *weorold*, *-uld* oder *worold*, kein *werold*; grundform *werald(i)*.

§ 50. Ags. *i +* cons. bleibt oder wird vor *o* oder *a* der folgesilbe zu *io*, *eo*: *hira*, *hiora*, *heora* eorum; *swira*, *swiora* hals (auch *swyra*); *clipian*, *cleopian*, *cliopian* rufen; *witan*, *wiotan*, *weotan* wissen (und 'senatores'); *witod-*, *wiotodlíce* sicherlich; *lifað*, *liofað*, *leofað* er lebt; *nið̄or*, *nioð̄or* nach unten; *neoð̄an* von unten; *behinan*, *behionan* diesseits; *tilian* 3 sg. *tiolað*, *tiolode* zielen, streben; *lim* glied gen. pl. *lima*, *lioma*. Nach palatalen: *ongitan*, *ongiotan* bemerken; *begeondan*, *begiondan* jenseits; danach *geond* neben *gi(e)nd*? *geonre* dsf., jener, ist unklar.

Statt *io*, *eo* erscheint auch die schwächung *ie*: *hiera*, *cliepian* (*clypian*), *wietan*, *wietodlíce*, *nieð̄er*, *behienan*, *tieligean*. *E* in *tela* wohl, neben *tiola*, *teladon* sie strebten (einmal belegt).

Der u-umlaut.

§ 51. *A +* cons. bleibt in der regel vor *u* der folgesilbe; es wird aber diphthongiert zu *ea* (aus *au*, *ao*, *œo*) in *ealo*, *ealoð* bier (kein *alu*), *cearu* neben *caru* sorge, *sleacnes* aus *slacunes* (Erfurt) von *slæc* schlaff. Andere formen wie *eafoð* kraft, *heað̄u-* kampf, *eafora* nachkomme, *heafola* haupt und plurales wie *heafu*, *treafu* von *hæf* meer, *træf* zelt nur in den poetischen texten.

§ 52. *E +* cons. bleibt oder wird vor *u* der folgesilbe zu *eo* (*io*): *efor*, *eofor* eber; *hefon*, *heofon* himmel; *werod*, *weorod* menge; auch vor *st* in *sweostor* neben *swiostor*, *swostor* (kein *swestor*).

§ 53. *I +* cons. bleibt oder wird vor *u* der folgesilbe zu *io*, *eo*: *swicol*, *sweocol* trügerisch, *silofr*, *siolofr* got. *silubr*; *tilung*, *tiolung* strebung, *lim* glied: plur. *limu*, *liomu*, *leomu*; *sido*, *siodo* got. *sidus*; *nið̄emest*, *nioð̄emest*, unterst; *frið̄u-*, *freoð̄o-* frieden; *mioloc*, *meolc* milch; *sweotol*, *swiotul* klar, *siofon*, *seofon* sieben, *beofung* das beben. Vor *ss* in *ð̄iossum* neben *ð̄eosum*, *ð̄issum*, *ð̄isum* diesem. Endlich *-tiogoð̄a* aus *-tigunþa* sieh die ordinalia.

Die schwächung *ie* in *tielung, nieðemest, geſlietu* plur. von *geſlit*; *y* aus *ie?* in *sylofr, nyðemest, ðysum* (danach *ðyses, ðysum*). Nach palatalen erscheint *io* neben *i* nur in *giful, -ol, giofol* freigebig.

Der helle gleitlaut.

§ 54. Wo die bedingungen welche die „brechung" und die dunkle vocalfärbung durch *u*- oder *o*-umlaut hervorrufen, fehlen, bleibt der gleitlaut hell: aus *i* + gleitlaut entsteht so der kurze diphthong *ie*: *hiere* neben *hire* ihr, *hiene, hine,* ihn, *bieternes, biternes* bitterkeit, *hieder, hider* hierher, *wieðer, wiðer* wider, *fieren, firen* vergehen, *tiedernes, tidernes* nl. *te(d)erheid, ic wielle, wille* ich will, *hē wienð, winð* er streitet, *hē ongienneð, onginneð* er beginnt, *hē bierð, birð* er trägt, *hē wriecð, wricð* er straft, *hē wiete, wite* er wisse, *hē giefð, gifð* er giebt, *hē ongiett, ongitt* er bemerkt u. s. w. Vor folgendem *a, o, u*: *híe siendon, sindon* sie sind, *sē ielca, ilca* derselbe, *biernan, birnan* got. *brinnan, iernan, irnan* got. *rinnan.*

Auch gedehntes und langes *ī* wird mit nachschlag zu *ie*: *nīewe, nīwe* neu, *hīew, hīw* got. *hiwi, hē drīefð* er treibt, *hie flietað* sie streiten, *giedsian* begehren, *giefernes* begierde, *hē gegriepð* er greift, *hē hiegað* er eilt, *hīréd, hieréd* (neben *hiored* familie), *gehiewian* heirathen, *iedelnes* eitelkeit, *riece* got. *reiks, tō gestieganne* zu ersteigen, *wiese* weise pl., *ðrieste* dreist, *wietan* nl. *wijten, wietga* weissager u. s. w. Daneben formen mit regelmässigem *ī.*

Auch auslautendes *i, ī* w. z. *ie*: *twi-, twie-* bis, *pri-, prie-* ter, *bi* oder *bī, bie* bei.

Neben *twi-* (*twispunnen*), *twie-* (*twiefeald* duplex) auch *tweo-*: *tweobléoh* zweifarbig, *tweoðræwen* twice-woven.

Wirkung des w.

§ 55. Nach *w* bleibt oft das *a*: *hē was* neben *wæs* er war, *nas* neben *næs* war nicht, *watre* neben *wætre* dem wasser, *hē*

§ 56.

walrode neben *wætrode* er wässerte. Auch *wá* statt *wǽ* (§ 14) in *swár* schwer, *wárum* dat. pl. von *wǽr* vertrag (§ 14); statt *wó* (§ 24, 2) in *forwána* dünkel.

§ 56. Aus *weo* entsteht *wo*: *worold* neben *weorold* welt, *worðig* neben *weorðig* grundstück, *swostor* neben *sweostor* schwester.

§ 57. Aus agm. *wi*, ags. *wi*, *wio* (*weo*) entsteht oft *wu* und weiter *u*: *cwicu* lebendig neben *cucu* und *gecwucian*; *swigian*, *swugian*, *sugian* schweigen, *wudu* holz, *wuduwe* wittwe, *wita*, *weota*, *wuta* ein weiser, *swiotol*, *swutol* klar, *wicu* d s. *wiecan* = *wucan* woche, *wuton*, *uton* 'allons'! *betwix*, *betweox*, *betwux*, *betux* zwischen, *betwih*, *betweoh*, *betwuh*, *betuh* zwischen, *wiht* wicht, *wuht*, *ǽlc-*, *nán-*, *á-*, *náuht*; *tuwa*, *tua* zweimal.

Ungebrochenes *i* wird auch zu *y*: *wyht* wicht, *wyda* dem walde, *swyra* hals, *cwyde* spruch, *twy-* zweimal.

Aus *ne wil(l)e*, *ne wite*, *ne wisse*, *ne wiste* entstehen *nyl(l)e*, *nyte*, *nysse*, *nyste*, sieh die anomala.

§ 58. Die gleitlaute vor w. Vor *w* entwickelt sich nach *a*, *e* ein gleitlaut *u*; aus der verbindung dieser vocale entstehen die diphthonge *ea* (aus *au*, *ao*, *œo*), *eo* und *io*. Eine ausnahme macht das part. praet. *gesewen*. Die quantität steht nicht fest: die anglischen poetischen texte machen die länge wahrscheinlich; die aws. plur. *cneowu*, *treowu* weisen auf kurzen diphthong hin, denn nur nach kurzer silbe bleibt *u*. Vielleicht ist die länge erst später aus den contrahierten formen *(féa, féam* aus *feawu, feawum*) oder aus dem nom. sg. (*tréo, ðéo* u. s. w., sieh § 74) in die übrigen casus eingedrungen. Sievers nimmt überall länge an. Ich setze *éa*, aber *eo*, *io* an ausser im nom. sg. *tréow*, *ðéow*, *cnéow* mit contrahiertem *éo* und *w* aus den casus obl. § 74.

1) *aw* w. z. *éaw*: *féawe* got. *fawai*;
2) *ew* w. z. *eow* (*éow*): *tréow* got. *triu*, *cnéow* got. *kniu*, *ðéow* got. *pius*, *ðeowian* dienen, *ðeowot* dienst, *láréow* lehrer.
3) *iw* w. z. *īw*: *nīwe* neu. Aber diphthongierung in *hiow* got. *hiwi*, neben *hī(e)w* (*útāspīwen* ausgespieen, *sīwenigge* lippus mit *ī*?).

4) *awi* w. z. *ewe*: *strewede* got. *strawida*, *cleweđa* jucken; in andern texten *eow*: *meowle* got. *mawiló*, *eowu* got. *awi(str)*.

Contractionen.

§ 59. Intervocalisches *h* schwindet (§ 94); der daraus entstandene hiatus wird durch contraction bez. diphthongierung beseitigt.

1) *ah + u, o, a* wird über *œo, œa* zu *éa*: *ahu*: *éa* got. *ahwa*, *ahur*: *éar* got. *ahs, tahur*: *téar* aber got. *tagr, slahan*: *sléan* got. *slahan, ic slahu*: *ic sléa, híe sluhađ*: *híe sléađ* und danach weiter der conj. *sléa, sléan* und das part. *sléande*; ebenso *léan* aus *lahan* tadeln u. s. w.

2) *ahí* wird über *œhi, ehi* zu *ei* loc. (dat.) sing. von *éa* wasser; aus *ei* weiter *íe* (gen. dat. sing.)?

3) *eh + gut. voc.* wird zu *éo (ío)*, wie *ahu* zu *éa* oben: *séon* aus *sehan*, got. *saihwan*; *geféon, gefíon* aus *gifehan* sich freuen, *pléon, plíon* aus *plehan* riskieren, mit *éo, ío* im ganzen praesens (ausser der 2. und 3. sg. ind.) wie *sléan* oben; *swéor* aus *swehur* schwiegervater, *hundtéontig* aus *-tehuntig* hundert, *twéo* aus *tweho* zweifel. Aber *geféa* freude, ahd. *gafeho*.

Anm. Die formen *féos, féo* von *feoh* vieh, haben lautgesetzliches *éo* aus einem urspr. gen. dat. sg. *fehô* got. *faihaus, faihau* nach der *u*-decl. (mercisch *féa*). Pleoh ds. *pléo* mit anlehnung an....?

4) aus *ehen* entsteht *é* in *téne* ahd. *zehan, -en* zehn. Die nebenform *-tíene, -týne* aus *tihuni* § 42, 4.

5) *œ + o* giebt *éa* in *néar* aus *nǽhor, néhwóz* näher.

6) *í + gutt. vocal* giebt *ío, éo*: *béot* aus *bíhát, bihait* gelübde; *bewríon* bekleiden aus *biwríhan, đíon, đéon* aus *píhan* mit *ío, éo* im ganzen praesens (ausser der 2. und 3. sg. ind.) sieh oben unter 1); *betwéonum* aus *bitwíhunum* mit eingeschobenem *u* § 70.

7) lange vocale und diphthonge verschlucken den nachfolgenden vocal: *fón, fó, fóđ* aus *fó(h)an, fó(h)en, fó(h)u, fó(h)e, fó(h)ađ*; dessgleichen *hón, hó, hôđ*; *téon, téo, téođ*; *fléon, fléo, fléođ* u. s. w. got. *fáhan, háhan, tiuhan, pliuhan, -a, -ai, -and*;

§ 60.   21

hôh ecke [gs. *hós*], ds. *hô*, [np. *hós*]; *héah* hoch: flectiert *héa*, *héan*, *héas* aus *héahe*, *héahan*, *héahes* u. s. w. sieh die flexion. Vielleicht auch *fléam*, [*léoma*, *lǽne*] aus formen mit unursprünglichem vocal zwischen *h* und *m*, *n*.

§ 60. Natürlich gelten die nämlichen contractionsgesetze auch für die fälle, in welchen kein *h* geschwunden ist: *drý* zauberer gs. *drýs*, *búgean* wohnen part. praet. *gebúd*, *gebún*, *dón* thun aus *dóan*, *gán* aus *gáan*, *sǽ* g s. *sǽs*, *þréa* drohung aus *þréaa*, *þréagean* aus *þrauôjan*, *þréaojan* u. s. w. Aehnlich *binnan*, *bútan*, *nán*, *nis* aus *be-innan*, *be-útan*, *ne-án*, *ne-is* u. s. w. Nicht contrahierte flexionsformen sind selten: *dóende*, *dóe* neben *dónde*, *dó* (conj.) von *dón* thun. Die flectierten formen von *bléoh*, *fréoh* sind vielleicht älteren datums, sieh § 23, 2.

§ 61. Nach schwund des *w* vor *u* (§ 73) tritt in der regel contraction ein: *féawe* got. *fawai* dat. pl. *féawum*, *féam* neben *féaum*; [*cléa*] aus *cláwu*. Alte contractionen von *igi* zu *í* liegen vor in *líþ* neben *ligeþ* er liegt, *íl* aus *igil* igel, *gelíre* aus *geligiri* neben *geligere*. Aber *sige* sieg, *frige* oder *fríge?* aus *frijai* nom. plur. von *frijo- got. *freis* ags. *fréoh* § 23, 2.

Dehnungen.

§ 62. Auslautende (oft geschwächte) vocale einsilbiger wörter werden, ausser bei enklitischem gebrauche, gedehnt: *hwā* wer, *swā* so, *sē* got. *sa*, *hē* er, *mē* mir, *þē* dir, *wē* wir, *gē* ihr, *þē* relativpartikel und got. *þé*, *nē* noch, *þū* du, *nū* nun, *bī*, bei; ebenso das praefix *ā-* aus *az-* got. *us-*. *Ne* nicht, *se* als artikel sind wohl immer enclitisch.

§ 63. Ersatzdehnung findet sich in der regel wenn inlautendes vocalisches *h* nach cons. geschwunden ist: *Wealh* plur. *Wéalas*; *féolan* aus *feolhan* got. *filhan*, *feorh* gen. dat. sing. *féores*, *féore*, [*ōrettan*] kämpfen aus *orhǽtan* von *órhát* herausforderung, *pȳrel* aus *purhil* durchbohrt u. s. w. Nur ausnahmsweise erscheint kürze: *Walh, Walas* engl. *Wales; feores, pyrel* in der poesie.

§ 64. Palatales *y* schwindet oft vor *d* und *n*; der vorhergehende vocal wird dann gedehnt: praet. *brǣd, brægd*; 3 sg. *brītt* von *brēdan, bregdan* schwingen; *sǣde, sægde, gesǣd, gesægd* von *secgan* sagen; *mǣden, mægden* magd, *ongéan, ongēn, ongeagn* gegen, *đēnian, đegnian* dienen; *frīnan, frignan* fragen, *brīdel(s)* zügel, *oferhȳd, -ig* übermuth, -ig, *rēn* aus *regn* regen, *wǣn* aus *wægn* wagen, *rīnan* aus *rignjan* regnen u. s. w. Gutturales *g* schwindet bloss durch anlehnung an formen mit palatalem *g*: *brūdon, -brōden* neben *brogden*, plur. praet. und part. von *brēdan, bregdan* schwingen § 97.

Vocalverkürzung.

§ 65. Kürzungen sind infolge des mangels an systematischer längebezeichnung nicht mit sicherheit zu constatieren. Vor geminierten *d* und *t* liegt nach Sievers (auch im altwests.?) kürzung vor in *nǣddre* neben *nǣdre, attor* neben *átor*; vor *ht* nach Sweet (weil der vocal niemals accentuiert ist) in *đohte, brohte, đuhte*. Die kürzung wird durch die brechung bewiesen in *leoht* leicht (aus urspr. *líht*) und in *weobud, weofud* neben *wiebed*, wenn hier *weo-*, wie auf *wíh* zurückgeht; über *betweoh* neben *betwuh, betuh* sieh § 28. Vielleicht ist auch *ĭ* anzunehmen in *blissian, siđđan* u. s. w. *Fullwiht* neben *-wuht, -uht* ist natürlich kurz; aus *wíht? Reccean* hat urspr. *récean* sich kümmern, verdrängt (wegen *röhte?*). *Endlefan* hat tonloses *end*.

Die minder betonten und unbetonten vocale.

§ 66. Die **praefixe**. Betontes *af* wird *æf, uz*: *or, and-*: *ond (and)*, in tonloser stellung aber *of-, ā-, on-*: vergl. *æfweard* abwesend und *ofniman* got. *afniman, ondwyrde* got. *andawaurdi* und *onbindan* got. *andbindan, orwéne* got. *uswéna* und *āgifan* got.

§ 67.

usgiban; auch die praeposition got. *af* ist ags. *of.* Statt *ga-* hat das ags. *gi-,* geschwächt zu *ge-: gelíefan, gehíeran* u. s. w.; vocalsyncope in *ǽghwā* aus *aiwgihwā, ǽgðer* aus *aiwgihwaþar, blinnan* (got. *af-linnan*) aus *belinnan, nabban, nát, nyle* aus *ne-habban, nc-wát, ne-wile* u. s. w.; *binnan, bútan* aus *be-innan, be-útan.* Vereinzelt *fer-, fœr* statt *for, ðorh-* statt *ðurh-, fol-* statt *full-, te-* statt *tó-: fœrwyrd, ðorhtíon, folnéah, teflówan* neben regelmässigem *forwyrd, ðurhtíon, fullnéah, tóflówan.*

§ 67. Die schlussglieder von compositis. Nach labialen erscheint *o* statt *a* in *andsworian* neben *andswarian* antworten, *anwold* neben *anw(e)ald* regierung, *Grimbold, Osbold* und *hláford* aus *hláfword, -ward* brotherr, herr. Statt *ǽ* findet sich *é* in *dǽgréd* morgenröthe, *híréd* familie ('heirath'), *Aelfréd, Aeðelréd* und andere eigennamen (neben *-rǽd*); *Eánfléd* (*i*-st.). Weitere schwächungen sind *áwer* und *ǽghwer(n)* mit (*h*)*wer* aus *hwœr* got. *hwar; lícuma* neben *líchoma* körper; *ondettan, ōrettan* aus *andahaitjan, uzhaitjan* (§ 66); *-ferð* aus *-frið* in *Húnferð* und andern eigennamen; *worold* aus *werald* welt; *ǽlc, swelc, hwelc* aus *ánlíc, swalíc, hwalíc* u. s. w.

§ 68. Auslaut. Die kurzen vocale der agm. endsilben werden abgeworfen: bloss *ĭ* (geschwächt zu *e*) und *u* bleiben nach kurzer silbe: *mete* got. *mats* (*i*-st.), *mere* got. *mari(saiws), stede* got. *stads* (*i*-st.), *sunu* got. *sunus, wudu* engl. *wood, nosu* engl. *nose, duru* engl. *door;* ebenso secundaires *u* aus agm. geschl. *o,* got. *a: gifu* got. *giba, bedu* got. *bida, smalu* got. *smala, grasu* got. *grasa* u. s. w. Sie werden aber nach langer silbe abgeworfen: *giest* got. *gasti-, ést* got. *ansts* (*i*-st.), *cwén* got. *qéns* (*i*-st.), *dǽl* got. *dails* (*i*-st.), *hand* got. *handus, déað* got. *daupus, lust* got. *lustus* u. s w.; ebenso secundaires *u: péod* got. *piuda, gód* got. *gōda* u. s. w.

Zwei kurze silben gelten für eine lange, folglich fällt *u* ab in *firen* got. *fairina, micel* got. *mikila* u. s. w. Ist aber die stammsilbe lang, so bleibt *u* nach kurzer ableitungssilbe: *ídelu* von *ídel* eitel, *ǽgenu* von *ǽgen* got. *aigins, héafodu* plur. von *héafod* haupt u. s. w.

Die nominalen *jo*-stämme werfen nur nach geminierter consonanz *i* und *u* ab: *bedd* got. *badi* und *badja*, *cynn* got. *kuni* und *kunja*, *unnytt* got. *unnutja*; behalten aber sonst -*e* und -*u*: *here* got. *harjis*, *rice* got. *reiki*, *ricu* got. *reikja*, *witu* plur. von *wite* strafe, *clǽnu* nom. sing. fem. und nom. plur. neutr. von *clǽne* rein, *eðclu* von *eðele* edel (!). Auch langes *i*, got. *ei* und *i* (aus *i̯*), schwand nach langer silbe im nom. sing. 1) der weiblichen *jä*-stämme: *gierd* gerte, got. *gazdi, [*wylf*] aus *wulfi* wölfin; 2) der abstracta auf -*i*: *hǽl* got. *hailei; und 3) im imperativ auf *i*: *send* got. *sandei*, gegen die kurzsilbigen *hefe*, *sete* got. *hafei*, *satei*. Sonst bleibt -*i* als -*e*: *miehte*, *bunde*, *wurpe*, *ætgædere* u. s. w. sieh die flexion.

Das nicht aus *i*, *í* entstandene *e* geht auf agm. *á*, *é*, *ai* zurück; in den ältesten (nicht westsächsischen) denkmälern wird häufig dafür *ae* geschrieben: *healfe*, *halbae* aus *halbā*; *hlútre*, *hlútrae* got. *hlútrai* u. s. w. Vergl. § 69, 1.

Agm. geschlossenes *ó* wurde zu *u*, *o*: 1 ps. sg. ind. *ic cweðo*; nom.-acc. plur. der neutra und nom. sing. der weiblichen *á*-stämme. Offenes *ó* und das aus *au* entstandene *ó* ward zu *a*: nom. sing. der schwachen masc. *hana* u. s. w., got. *hana*; gen.-dat. sing. der *u*-stämme: *suna* got. *sunaus*, *sunau*.

§ 69. **Die angelsächsischen end- und mittelsilben.**
1) Das *e* ist der ags. „tonlose vocal"; es entstand entweder aus agm. *a*, *é*, *ai*: *ofer* got. *ufar*, *meahtes* got. *mahtés*, *nime*(*n*) got. *nimai*(*na*) u. s. w., oder aus agm. *i*, *í*: *ferede* got. *farida*, *gylden* got. *gulpeins*. Die ältesten denkmäler unterscheiden noch *ae* und *i*: *ofaer*, *feridae* u. s. w. -*Ig* aus -*eg* in *monig* got. *manags* u. s. w.

2) Festes *a* hat der infinitiv auf -*an* und die endsilbe -*an* der schwachen nomina; die adverbia haben -*an*, -*ane* neben -*on*, *one*: *bútan*, *búton*; *útane*, *útone* u. s. w.

3) Festes *i* in -*ing* und -*isc* und den schlusssilben -*ig*, -*lic*: *kyning*, *mennisc*, *monig*, *eorðlic*; in den mittelsilben vor vocal auch -*eg*, -*lec* (selten -*eng*, -*esc*): *monige*, *monege*; *monigum*, *monegum*; *eorðlicum*, *eorðlecum* gegen *monigne*, *monigre* u. s. w. Die adverbia im positiv haben -*líce*, -*lice*: *clǽnlice*; nach ausweis des metrums ist dieses *i* anceps.

4) Das *o* (aus agm. *ó*) ist ziemlich fest im adverbialen compa-

§ 69.

rativ und superlativ: *hraðor, lator, oftost*; aber *furðor* neben *-ur, swiðost* neben *-ust*; in mittelsilben der adjectivischen superlative wechseln *o, u, a*: *weorðoste, -uste, -aste*; desgleichen *-ode, -ude, -ade* im schwachen praet. der 2. klasse: *laðode, -ude, -ade*, im plur. auch *-edon*: *laðodon, laðadon, laðedon*. Die ableitungssilbe *-oð* (got. *-óþ*) wechselt mit *-að*: *folgoð* dienst, *mónað* got. *ménóþs*; neben *earfoðe* auch *earfeðe* schwierig. Festes *a* (aus *ó*) in den zweisilbigen formen der 2. schwachen conjugation: *laða, laðast, laðað* u. s. w.; im nom. plur. der *o*-stämme *dagas* u. s. w.; in der 3. plur. praes. ind. *nimað* (aus *-óþ, anþ*) u. s. w., sieh die flexion.

5) *u* ist fest in *-um*: so in den dat. *dagum, mínum, gódum*; sonst findet sich daneben oder dafür *o, a*: *seofon, -an* got. *sibun*; *héafud, -od* haupt; *ealoð* bier; *wurpun, -on, -an* got. *waurpun* u. s. w. In mittelsilben erscheint auch *e*: *munuc, munecas*; *werod, werode, -ede* u. s. w.

§ 70. Svarabhakti (vocaleinschub). Zwischen consonant und auslautender liquida wird öfters ein vocal eingeschoben: *e* nach vorhergehendem palatalen vocal, *u, o* nach vorhergehendem gutturalen vocal. Beispiele: *æppel* apfel, *æcer* got. *akrs*, *winter* got. *wintrus*, *sticel* got. *stikls*, *fæger* got. *fagrs*, *finger* got. *figgrs*, *hlútor* got. *hlútrs*, *fugol* got. *fugls*, *hungor* got. *huggr(jan)* u. s. w. Aber *efor* u. s. w., weil mit agm. *-ur*. Vor nasalen in der regel kein einschub: *efn* got. *ibns, tácn* got. *taikns, wǽpn* got. *wépn, máðm* got. *maiþms*. Auch *setl* got. *sitls*, [*nægl* got. *nagl(jan), húsl* got. *hunsl*] ohne svarabhakti.

Auch zwischen inlautendem *h* und *l, r, m, n* wird ein *u* eingeschoben (Beitr. 16, 243); intervocalisches *h* wird dann ausgestossen und es erfolgt contraction § 59.

§ 71. Syncope von mittelvocalen.

1) Jeder ursprünglich kurze mittelvocal wird nach **langer** stammsilbe syncopiert: *éðles, engles, déofles, óðres, ágnes* von *éðel, engel, déofol, óðer, ágen* u. s. w.; bleibt aber nach **kurzer** stammsilbe: *nafela* nabel, *hacele* got. *hakuls, æðele* edel, *staðoles* von *staðol, nacodes* von *nacod* u. s. w. Doch giebt es ausnahmen, sieh die flexion der subst. und adject.: stets syncopiert

der adjectivische comparativ auf *-ra* (got. *-iza* und *-óza*): *hwætra*, *werra* von *hwæt*, *wær*; *lengra* von *long* u. s. w.

2) Von zwei kurzen mittelvocalen wird der zweite immer syncopiert: *óðerne* got. *anþarana*, *éowerne* got. *izwarana*, *ǽgenre* got. *áiginaizôs*, *ǽgenra* got. *aiginaize*, *-aizô* u. s. w.

3) Position der mittelsilbe schützt gegen die syncope (weil die mittelsilbe dann lang ist). Ausnahmen sind selten: *strengste*, *-an* neben *-este*, *-an* superl. zu *strong*; aber regelmässig *betste*, *-an* got. *batists*.

Die consonanten.

Halbvocale *w*, *j* (geschr. *g* oder *i*).
Liquidae *l*, *r*; nasale *m*, *n*, *n(g)*, *n(c)*.
Labiale *w*, *m*, *p*, *b*, *f*.
Dentale *l*, *r*, *n*, *d*, *t*, *þ*, *ð*, *s*.
Hauchlaut *h*.
Gutturale und palatale *c*, *g*, *h*, *(n)g*.
Spiranten *f*, *h*, *þ*, *ð*, *s*, *g*.
Stimmlos sind *h*, die tenues *p*, *c*, *t*, die harten spiranten *f*, *h*, *þ* (*ð*), *s*.
Stimmhaft sind die mediae *b*, *(c)g*, *(n)g*, *d*, die weichen spiranten *f*, *g*, *ð*, *s*; endlich die halbvocale, und *l*, *r*, *m*, *n* ausser nach *h*.

DIE CONSONANTEN.

Die halbvocale w und j.

§ 72. *W* (sprich engl. *w*), bisweilen auch *uu* (*uuið* engl. *with*) oder nach cons. *u* (*suā* = *swā*, *cuén* = *cwén*) geschrieben, entspricht agm. *w*: *wine* got. *-wins*, *wlite* got. *wlits*, *strewede* got. *strawida* u. s. w. Unursprüngliches *w* haben die starken verba *bláwan*, *cnáwan*, *cráwan*, *máwan*, *sáwan*, *blôwan*, *flôwan*, sieh die starken verba.

§ 73. Syncope des *w*: 1) *nát* aus *ne-wát* weiss nicht; *næs*,

§ 73.

nas aus *ne-was* war nicht, *nǽron* aus *ne-wǽron* waren nicht, *nolde* aus *ne-wolde* wollte nicht; 2) *ealneg* neben *ealneweg* (*ealnuweg*) fortwährend, wie in compositis *hwîlendlic* aus *hwîlwendlic* zeitlich, *hláford* aus *hláfword* § 67, *Hróðulf* aus *Hródwulf* (vgl. nl. *Kattik*, *Noordik* aus *Katwijk*, *Noordwijk*, engl. *Green(w)ich* u. s. w.; 3) vor *u* der stammsilbe in *tú* got. *twa*, *hú* aus *hwú* nl. *hoe*, *cuman* kommen, *sugian*, *swugian* schweigen, *uton*, *wuton* allons! *betwux*, *betux* zwischen, (*n*)*áwuht*, (*n*)*áuht*; *fullwuht*, *fulluht* taufe; *cucu* lebendig § 57; vgl. *cléa*, *féam* u. s. w. § 61; 4) vor urspr. *i* besonders nach *r*: *gegierela* (aus *garwila*) gewand, *gierede* (aus *garwida*) paravi, *be-*, *gesiereð* (aus *-sarwiþ*) er stellt nach u. s. w.; aber im praes. *gegierwan*, *be-*, *gesierwan*, [*smierwan*] u. s. w. *Ní-* in compos. = *níwi-*, nl. *nij-* (*nieuw-*): *níceal(c)t* frisch gekalkt.

§ 74. Auslautendes *w* wird 1) nach kurzem vocal vocalisiert: *ðew*: *ðeu*, *trew*: *treu*, *cnew*: *cneu*; daraus diphthongierung zu *ðéo*, *tréo*, *cnéo*; im Ws. wird das *w* aus den cas. obliquis wieder angefügt: *ðéow*, *tréow*, *cnéow*, sieh weiter § 58; 2) nach consonanten vocalisiert: *gearo* bereit, *nearo* enge, *searo* list; aber nach langer silbe apocopiert: *mǽd* eng. *meadow*; 3) nach langem vocal (resp. diphthong) abgeworfen in *á*, *ó* got. *aiw*, *sǽ* got. *saiws*, *ǽ* neben *ǽw* gesetz; bleibt aber sonst: *stów* platz, *getréow* getreu, *hréow* reue, *snǽw* schnee u. s. w. In der composition wechselt *híw-cúð* mit *hí-réd*, *hioréd*, sieh § 75.

§ 75. Vocalisierung des inlautenden *w* in *sául* neben *sáwl* got. *saiwala*, *hioréd* neben *híwcúð* (oben § 74), *áuðer*, *ouðer*, *náuðer*, *nouðer* aus *á-*, *óhwæðer*, *ná-*, *nóhwæðer*; weiter daraus *áðer*, *óðer*, *náðer*, *nóðer*.

§ 76. Schwund des *j*. — 1) Postconsonantisches *j* schwindet nach langer silbe: *lǽfan* got. *laibjan*, *séc(e)an* got. *sókjan*, *wyrc(e)an* got. *waurkjan*, *bǽdan* got. *baidjan*, *sendan* got. *sandjan*, *bíeg(e)an* got. *-baugjan*, *hǽlan* got. *hailjan*, *gewemman* got. *-wammjan*, *híenan* got. *haunjan*, *bærnan* got. *brannjan*, *wépan* got. *wópjan*, *lǽran* got. *laisjan*, *mierran* got. *marzjan*, *stíeran* got. *stiur-*

ian, lĩesan got. *lausjan, lĩstan* got. *laistjan, gemêtan* got. *gamôtian, ojðan* got. *kunþjan.*

2) postconsonantisches *j* nach kurzer silbe geminiert jeden vorhergehenden consonanten (ausser *r*) und schwindet: *hebban* statt *heffan* got. *hafjan, recc(e)an* got. *rakjan, biddan* got. *bidjan, lecg(e)an* got. *lagjan, hliehhan* got. *hlahjan, sellan* got. *saljan,* (ebenso *cwellan, dwellan, stellan, tellan*), *fremman* aus *framjan, cynn* got. *kunja* (plur.), *scieppan* got. *skapjan, cnyssan* aus *knusian* nl. *kneuzen, settan* got. *satjan,* [*sceðð an* got. *skapjan*].

§ 77. Nach *r* bleibt *j* sehr selten (geschrieben *g*): *herge* got. *hazjai, ergende* got. *arjands, wergende* got. *warjands*; gewöhnlich wird es vocalisiert zu *i*: der übergangslaut wird dann entweder gar nicht geschrieben oder durch *g*, vor *a* auch durch *ge* dargestellt: *herian* (dreisilbig!), *herigan, herigean* got. *hazjan; nerian, nerigan, nerigean* got. *nasjan, werian, werigan, werigean* got. *warjan; herie(n), herige(n), nerie(n), nerige(n), werie(n), werige(n),* got. *hazjai(na), nasjai(na), warjai(na)* u. s. w. Die verba *gremian* statt *gremman, temian* statt *temman, lemian* statt *lemman, ðenian* statt *ðennan* got. *þanjan, wreðian* statt *wreððan, trymian* neben *trymman* scheinen nach *herian, nerian* u. s. w. gebildet.

§ 78. Anlautendes *j* wird selten durch *i*, gewöhnlich durch *g* dargestellt: *iu* got. *ju, iung* got. *juggs, iuguð* jugend; über die diphthongierung aus gleitlaut und vocal sieh § 30.

§ 79. Intervocalisches *j* bleibt (geschrieben *g*, vor *a* auch *ge*): es erscheint 1) in der II schwachen conjugation; 2) in *cieg(e)an* *kaujan rufen; *hlĩgean, hlĩge,* mnl. (*be*)*lĩen*; [*hĩeges, hĩege*] got. *haujis, hauja; iege* g das. nap. zu *ieg* insula; *twégen, bégen* g p. *twégea*; statt [*strĩegan*] got. *straujan* erscheint später *stre(o)wian* nach *strewede* got. *strawida.*

Ausfall nach *i* in *féond, friond* § 23; dagegen *frĩge* got. *frijai.*

§ 80. Auslautendes *j* (geschrieben *g*) in den aus den casus obliqui gebildeten nominativis *hĩeg* heu, *ieg* insel; endlich in *cǽg* schlüssel.

Die liquidae.

§ 81. Die **l i q u i d a e** sind *r, l.* — *R* ist entweder got. *r*: *rếdan* got. *rédan, wer* got. *wair, werian* got. *warjan*; oder got. inlautendes *z* (oder *s* statt *z*): *mára* got. *maiza, herian* got. *hazjan, ierre* got. *airzeis, reord* got. *razda, hord* got. *huzd, nerian* got. *nasjan, lếran* got. *laisjan*. Auslautendes got. *s* aus *z* schwindet: *fisc* got. *fisks, miehte* got. *mahteis, đ́á* got. *pós* u. s. w. sieh die flexion; ebenso in den adverb. compar. *mấ* got. *mais, leng* aus *langis* länger, und in *es-, os-*stämmen wie *sige* got. *sigis* u. s. w. mit übertritt in die *i*-klasse, oder wie *cild* in die *o*-klasse. Nebenformen wie *sigor* und plurales wie *cild(e)ru* behalten das *z* als *r*; dessgleichen betontes *or-* got. *us-* neben *á* got. *us* § 62.

§ 82. Metathesis des *r*: *ærn* got. *razn, birnan* got. *brinnan, bærnan* got. *brannjan, burna* got. *brunna, irnan* got. *rinnan* (aber *bryne, ryne, tórinnan), first* frist, *gærs* got. *gras* (plur. *grasu), hors* aus *hross* hd. *ross, berstan* aus *brestan, fersc* hd. *frisch, đ́erscan* got. *þriskan, beorht* got. *bairhts* neben *Aeđ́elbryht, Ecgbryht* u. s. w.

§ 83. Assimilation des *r* (aus *z*): *lếssa* aus *lấsra, wiersa* got. *wairsiza, đ́isse* und *đ́issa* aus *đ́isre, đ́isra*; [*sélla* aus *sélra* got. **sóliza*, ablaut. compar. zu *séls*]. Dissimilation in *weleras* got. *wairilós*. Endlich *ést* aus *ǽrest* erst.

§ 84. *L* ist got. *l*: *long* got. *laggs, stelan* got. *stilan, helpan* got. *hilpan, sellan* got. *saljan, full* got. *fulls* u. s. w. *Sl* erfährt metathesis zu *ls* in der endung *-els*: *bridels* zügel, *fátels* gefäss, *oferbrǽdels* oberfläche, und in den eigennamen auf *-gils* aus *-gísl*: *Cynegils*.

Die nasale.

§ 85. Die **n a s a l e** sind *m, n* = got. *m, n: monn* got. *monna* u. s. w., *ng, nc* = got. *gg, (g)gk*: *lang* got. *laggs, drincan* got. *dri(g)gkan*. Vor stimmlosen spiranten (*h, f, þ, s*) schwinden die nasale § 25; aber *pinsian* 'pensare', *đū cans, gemansđ* 2 sg. zu *ic can, ycman*.

Anm. *winster* aus *winister*, *clænsian* aus *klainisōjan* u. s. w. haben syncopiertes *i*; daher bleibt das *n*.

§ 86. Metathesis von *m*, *n* in *worms*, *worsm* eiter, *wyrmsan*, *wyrsman* eitern, *geclænsian*, *geclâsnian* reinigen, *đeng*, *đegn* diener. Schwund des *n* in *cyng*, *cynig* neben *cyning* könig, *aweg* = *onweg* fort, und auslautend in der 3. person plur. conjunctivi. Assimilation in *hundælleftiogođa* centesimus decimus neben *enlefta* elfte, *enlefan*, *endlefan* got. *ainlif*. Uebergang von *-m* in *-n* im dat. plur. und im starken dat. sing. der adj., sieh die decl.

Geräuschlaute.

§ 87. Labiale. Die tenuis *p* ist got. *p*: *slǽpan* got. *slépan*, *scip* got. *skip* u. s. w. *S(e)alm* neben *ps(e)alm*, psalma (vgl. nl. *souter*).

§ 88. Die media *b* ist got. *b* (anlautend und nach *m*): *bindan* got. *bindan*, *womb* got. *wamba*; geminiert in *habban* got. *haban*, *libban* got. *liban*, *sibb* got. *sibja* u. s. w. Einmal *clom* statt *clomb*, er klomm. *Wiobud* wird auch zu *wiofud*.

§ 89. Der stimmhafte spirant (nl. *v*) wird selten *b* geschrieben: *diobul*, *dioful*; *nǽbre*, *nǽfre*; *frébran*, *fréfran* trösten; sonst *f*: *giefan* got. *giban*, *geliefan*, got. *galaubjan*, *héafod* got. *haubiþ* u. s. w. Vor *n* geht er auch in *m* über: *stefn* und *stemn* got. *stibna*, *efn* und *emn* got. *ibns* (aber stimmloses *f* bleibt: *ofn* ofen). Im auslaut wird der spirant stimmlos.

§ 90. Der stimmlose spirant (agm. *f*, hd. *f*) wird zwischen stimmhaften lauten tönend (nl. *v*): *hiofan* got. *hiufan*, *nefa* neffe, *wulfas* die wölfe; bleibt sonst stimmlos: *fæder* got. *fadar*, *hæft* got. *hafts*, *offrian* opfern, *fíf* got. *fimf* u. s. w. Got. *fj* entspr. *bb* in *hebban* got. *hafjan*.

§ 91 A. Dentale: Die tenuis *t* ist got. *t*: *tunge* got. *tuggô*, *stôl* got. *stôls*, *sceat(t)* got. *skatts*, etc. *St* geht öfters, besonders in der endung der 2. sg. ind., in *sð* über: *fæsð* = *fæst* fest, *dûsð* = *dûst* staub, *giesð* = *giest* gast, *ðû forgietsð*, *gemansð*, *wilnasð*, *cíddesð* zu *forgietan*, *gemunan*, *wilnian*, *cídan*; *æresð* = *ærest* erst, *se síðemesða* der letzte u. s. w.

Gesiehð ist allgemein ags.; man erklärt es aus *gisihiþu*.

Neben *ortgeard* auch *orcgeard* got. *aurtigards*; statt *gefetjan* begegnet *gefecc(e)an*, aber praet. *gefette*, part. praet. *gefett*. Sievers schliesst hieraus dass ags. *cg*, *cc* bereits wie engl. *dge*, *tch* (*sledge*, *to fetch*) ausgesprochen wurden.

§ 91 B. Die media *d* ist got. *d* (*ð*): *dæg* got. *dags*, *béodan* got. *biudan*, *dêd* got. *dêds* u. s. w. Aber *blôd* got. *blôþ*, *stôd* got. *stôþ*, *fremde* got. *framaþja-*, *hladan* got. *hlaþan*, *findan* got. *finþan*. Vor und nach stimmlosen consonanten wird *d* zu *t* (oft geschrieben *dj*): *gítsian*, *gídsian* begehren, *blêtsian*, *blêdsian* segnen, *milts(ian)*, *milds(ian)* erbarmen, *mettrum*, *medtrum* schwach; auch in syncopierten conjugationsformen: 2. und 3. sg. praes. ind. der starken verba, in den schwachen praeterita auf -*de* der 1. klasse nach stimmlosen consonanten (Taalk. Bijdr. 2, 270); in *hâtte* got. *haitada*. Auslautendes *nd* w. z. *nt* in *sint* sie sind.

Vor *l* wird *d* zu *t* in *botl* aus *bodl* gebäude, und *spátl* aus *spádl* speichel.

Epenthesis von *d* in *endlefan* elf got. *ainlif*.

Vereinfachung von postconsonantischem *dd* in *sendde* von *sendan* u. s. w. sieh die conj.

§ 92. Der stimmlose spirant *þ*, agm. und got. *þ* (engl. *th*, in *thing*), in der regel *ð* geschrieben, wird zwischen stimmhaften lauten tönend (engl. *th* in *brother*): *cweðan* got. *qiþan*, *weorðan* got. *wairþan*, *ðá fiðru* die flügel, *ðá máðmas* die kleinode u. s. w.; bleibt sonst stimmlos: *ðencean* got. *þaggkjan*, *ðéon* got. *þeihan*, *áð* got. *aiþs*, *wearð* got. *warþ*, *cwæð* got. *qaþ*, *oððe* got. *aiþþau*, *féhð* got. *fáhiþ* u. s. w. Auslautendes *ðð* in der syncopierten 3 sg. praes. ind. wird oft vereinfacht: *hē cwið* von *cweðan*, *hē wierð* von *weorðan* u. s. w.

32 § 92.

Nach und vor *l* geht *þ* in *d* über: *beald* got. *balþ(aba), wilde* got. *wilþeis, gold* got. *gulþ, ádl* krankheit, [*nédl*] got. *népla, wǽdla* armer, *mídl* gebiss. Bleibt aber nach ags. syncope: *éðel* gs. *éðles* u. s. w. Vor *m* ist dieser übergang spätws.: *áðm* athem, *máðm* kleinod, *ćaðmód* demüthig, später *ádm, mádm, ćadmód. Seld* aus *sepl* sitz in anderen quellen.

tð und *dð* werden zu *tt, t*: *ðætte* aus *ðæt ðe* (ebenso findet sich *ðættæt* für *ðæt ðæt*); *ćaðmétto* aus *auþmódiþu* demuth, *oferrnétto* aus *ofarmódiþu* übermuth, *láttćow* (*ládtćow*) aus *ládpéow* führer, *weorðmynt* aus *-mundiþu*? [*gesyntu*] aus *gisundiþu* gesundheit (Taalk. Bijdragen 2, 270).

sð wird zu *st* in der 3 sg. praes. ind.: *forlíest* got. *fralíusiþ, wiext* got. *wahseiþ, rǽst* 3. sg. von *rǽsan* stürmen; ferner in *wénstu, hafastu, lufastu = wénes ðu, hafas ðu, lufas ðu* sieh die conjug.; *gíemelíest, reccelíest, metelíest* aus *-lausiþu*, acht-, speise-, ruchlosigkeit.

ðs wird auch zu *ss* in *blíss, blíssian* neben *blíðs, blíðsian*, freude, sich freuen.

t aus *ð* in der 3 ps. sing. und plur. *derèt* statt *dereð, leget* statt *legeð, lǽrat* statt *lǽrað* ist sehr selten.

§ 93. Das stimmlose *s*, got. *s*, wird zwischen stimmhaften lauten tönend (nl. *z*): *céosan* got. *kiusan, esel* got. *asilus, rǽsan* anstürmen, praet. *ic rǽsde; bis(e)nian* nachfolgen u. s. w.; sonst bleibt es stimmlos: *sacan* got. *sakan, hús* got. *hús, lust* got. *lustus, ðerscan* got. *þriskan*, [*cyssan*] küssen praet. *cyste* u. s. w. Nach vocal wird *sc* auch zu *cs, x*: *asce, axe* asche, *áscian, ácsian* fragen u. s. w. Metatheses von *ps, sp* in *cosp* und *cops* fessel, *wlisp* und *wlips* stammelnd fehlen in unsern ältesten texten.

Der hauchlaut h.

§ 94. Der kehlkopfspirant *h* steht anlautend vor vocalen oder *w, l, r, n*: *hál* got. *hails, here* got. *harjis, hwíl* got. *hweila, hláf* got. *hlaibs, hnígan* got. *hneiwan*, [*hrung*] got. *hrugga* u. s. w. Verwechslung von spiritus asper und lenis in *æfde* statt

§ 94.

hæfde, hierre statt *ierre* ist ziemlich selten. Schwund in *nabban = ne habban, swǽðer* aus *swǽhwǽðer, (n)ā́(w)ðer* aus *(n)ā́hwǽðer* u. s. w.

Inlautend schwindet *h* vor vocalen; es erfolgt entweder contraction oder ersatzdehnung (§§ 59, 63). Auch schwindet *h* vor *l, r, m, n: a)* weil svarabhakti eintritt wie in *éar, téar, swéor, ðwéal, fléam, betwéonum* §§ 59, 70; — *b)* in flexionsformen auf *-ne, -re, -ra* aus *-ene, -ere, -era* wie *héane, héare, héara* von *héah;* — *c)* im comparativ auf *-ra* got. *-iza* und *-óza: híera* von *héah;* — *d)* in composition und ableitung: *héalic, -nes* von *héah; gemálic* von *gemáh; néalǽcean, néawest* von *néah; pléolic* von *pleoh* u. s. w.

Gutturale und palatale.

§ 95. Allgemeines. Altgermanisches erbgut sind vier gutturale laute: der stimmlose spirant χ, der stimmhafte spirant γ, die tenuis *k*, die media *g* (in der verbindung *ng*). Alle vier werden vor folgendem *i* oder *j* zu palatalen (*mouillierung*). *K* und γ werden ausserdem *vor, zwischen* oder *nach* palatalen vocalen palatalisiert: bleiben aber vor palatalvocalen die durch *i*-umlaut entstanden sind, weil dieser umlaut jünger ist als der palatalisierungsprocess.

Schreibung. *Ch* drückt besonders in der gemination den spirant, niemals den hauchlaut aus: *Ealchstán, pohcha, teohchian, hliehchan*. *K* ist ausschliesslich guttural § 98. Zum ausdruck der palatalisiering wird häufig vor *a, o* ein *e*, vor *u* ein *i* eingeschoben, sieh § 97, III. Ueber *sc* und *sce* sieh § 30.

§ 96 A. Der stimmlose gutturale spirant (hd. *ch* in *ach*, nl. *ch*) steht nach *a (ea), o (eo, io)* und *u: ic áhte* ich hatte, *ic gebohte* ich kaufte, *dohtor* tochter, *hē ðúhte* er schien, *eahta* acht, *feohtan* fechten, *cneoht* knecht, *leoht* licht, *feoh* vieh, *héah* hoch, *néah* nahe, *ðéoh* oberschenkel, *hóh* ferse u. s. w. Desgleichen nach gutt. voc. + *l* oder *r: ðweorh* verkehrt, *ðurh* durch, *holh* höhle, *sulh* pflug, *Wealh* Welscher.

Gemination in *pohha, teohhian* § 95. Anorganisches *h* in *blíoh,* os. *blí,* mnl. *blíe* farbe, *fréoh* frei § 23, 59.

Hs wird zu *cs*, *x*: *oxa* ochse, *weaxan* neben *weahsan* wachsen (etym. schreibung auch *weahxan*), *seacs* neben *seax* messer u. s. w. Das *h* in *wæstm* (aus *wahstm*) wachsthum war schon im Urangelsächsischen geschwunden.

§ 96 B. Der stimmlose palatale spirant (hd. *ch* in *ich*, nl. *ch* in *wicchie*) steht nach palatalen vocalen; diese entstanden entweder durch *i*-umlaut (also ist das *h* durch folgendes *i* oder *j* *mouilliert*) oder durch palatalumlaut, sieh § 31—49: *mieht* macht, *wiht* wesen, *híehð* höhe, *ficlhð* got. *filhip*, *bierhto* got. *bairhtei* u. s. w.; *cniht* knecht, *ryht* recht u. s. w. Gemination in *hl(i)ehhan* got. *hlahjan*.
Hs w. z. *cs*, *x*: *siex* sechs, *wrixl(an)* wechsel(n).

§ 97. I) Guttural bleiben *c, g*:
1) anlautend vor consonanten und vor gutturalen vocalen und deren umlauten *æ, e, y* (§ 95): *clǽne* rein, *cnáwan* kennen, *cráwan* krähen, *glæd* froh, *gnornian* trauern, *grund* grund, *gán* gehen, *gold* gold, *guma* mann, *cǽg* eng. *key*, *cennan* engl. *to ken*, *céne* engl. *keen*, *cyning* engl. *king*, *cýðan* bekannt machen, *tógædere* engl. *together*, *gǽst* = *gást* geist, *hē gǽð* er geht, *gylden* golden u. s. w.

2) inlautend zwischen gutturalen vocalen: *gemaca* genosse, *nacod* nackt, *racu* darstellung, *dagas*, *daga*, *dagum* u. s. w. § 5; auch vor *-ian* aus *ōjan*: *macian* machen, *folgian* folgen u. s. w. Gemination in *bucca* bock, [*frogga* frosch].

3) auslautend nach gutturalem vocal (mit oder ohne nachfolgendem cons.): *ac* aber, *geok* joch, *loc* schloss, [*búc* bauch], *béag* ring, *genóg* genug, *wág* mauer (aus urgerm. *waiju*), *anwealg* ganz, *burg* burg, *dranc* ich trank, *sang* gesang u. s. w.

II) Palatalisiert werden *c, g*:
1) vor palatalen vocalen (ausser *æ, e, y* die durch *i*-umlaut entstanden sind § 95): *ceaster* engl. *-chester*, *ceaf* engl. *chaff*, *céak* becken, *céas* zu *céosan* engl. *to choose*, *ceorl* engl. *churl*, *giest* gast, *giefan* geben, *géafun* got. *gébun*, *ciefes* kebse, *ciele* kälte, *cirice* engl. *church* u. s. w. Aehnlich im silbenanlaut: *dæges*, *dæge* von *dæg* § 6, *weges*, *wege* von *weg* u. s. w. Hat aber der nom. sg. einen guttural, so bleibt dieser in der regel auch vor

§ 97.

palatalen vocalen der casus obliqui: *racu* g d a s. *rake*; *folc, folces, folce* u. s. w. Ausnahmen *wræce* von *wracu* § 6. Auch vor svarabhakti-*e* bleibt der guttural: *æcer* acker neben *æker* § 98.

2) wo ihnen ursprünglich ein *j* oder *i* folgte (*mouillierung*): *ríce* got. *reiki*, n p. *rícu* got. *reikja, rícum* got. *reikjam, leng* aus *langiz* länger, *strengest* aus *strangist, stenc* aus *stanki-* stank, *ðencan* got. *þaggkjan, slǽge* aus *slagi-* schlag, *byrg* aus *burgi* d s. von *burg* burg, *fylgan* aus *fulgjan* folgen, *wyrcan* got. *waurkjan*, 3 s g. *fylgð* aus *fulgiþ, wyrcð* aus *wurkiþ* u. s. w. Auch in der gemination: *wrǽcca* verbannter aus *wrakjó, lecgan* got. *lagjan* u. s. w.

3) im wort- oder silbenauslaut nach *æ, e, i: sprǽc* sprache, *sprœc* er sprach, *dæg* tag, *weg* weg, *wíg* streit, *líc* leib, *bregdan* schwingen u. s. w. Ebenso *hwelc, swelc* aus *hwalik, swalik*, engl. *which, such*.

III) Graphisch wird bisweilen die mouillierung ausgedrückt durch ein *e* vor *a, o* oder ein *i* vor *u*: *sécean* engl. *to (be)seech, tǽcean* engl. *to teach, wyrcean* werken, *wrǽccea* engl. *wretch, on Mercium* in Mercia, *éciu, -ium* aeterna, -is, *drencium* potionibus, *gefylceo* truppe, *lecgean* legen, *licgean* liegen u. s. w., *brengean* bringen, *ðá strengeas* die saiten u. s. w. Diese *e* und *i* sind palatale gleitlaute.

§ 98. Die gutturale tenuis wird öfters durch *k* ausgedrückt: *kennan, kéne, kyning, kýðan* sieh § 97, 1; ferner *kélnes* kühle, *kok* engl. *cock, kók* engl. *cook, ákólian* kühl werden, *kycgel* engl. *cudgel, kyne-* königlich, *kyst* tugend, *æker* acker, *céak* becken, *giok* engl. *yoke, éakian* engl. *to eke* u. s. w., alle mit nebenformen mit *c*.

Epenthesis in *scnican* to sneak.

Metathesis in *áxian* (*áhsian, ácsian*) neben *áscian* nl. *eischen*, engl. *to ask*.

§ 99. Die palatale tenuis wird, ausser vor urspr. nachfolgendem *j* sieh § 76, geminiert in den seltenen formen *hē wrǽcce* er rächte, *ðǽre sprǽcce* der sprache, *ðǽre éccean* der ewigen; allgemein ags. ist *wæcce* wache; *reccean* aus *rakjan* hat *récean* aus *rókjan* (mnl. *rocken*) verdrängt: auch *recceléas* nl. roe-

keloos. Ueber *siccettan*, *liccettan* sieh § 17. Nach langem vocal *cc* in *séccan* neben *séc(e)an* suchen; vgl. § 91 A *feccan*.
Ct ward zu *ht* in *hē ólehte* er schmeichelte, *hē néalōhte* er näherte sich, neben den regelmässigen *ólecte*, *néalǣcte*.
Metathesis in *betwix* § 28. *Cs = x* in *wcs*, *wx* axt, auch *ahx!*

§ 100. Der auslautende **gutturale spirant** *g* wird oft nach *á*, *ó*, selten nach *l*, *r* stimmlos: *wáh* wand, *ic stáh* ich stieg, *gefóh(stán)* gefüge, *genóh* genug, *slóh* ich schlug, *burh* burg, *orsorh(lic)* sorglos. Aber ausschliesslich *bealg*, *anwealg*, *beorg*, *borg* u. s. w. Inlautend *ðá sáhlas* neben *ðá ságlas* die keulen.
Schwund des *g* vor *d* in *brúdon*, *gebróden* nach *brǽd*, *brédan* neben *brǽgd*, *bregdan* § 64.

§ 101. Der **palatale stimmhafte spirant** wird selten auslautend (*byrh* urbi, gewöhnlich *byrg*) oder inlautend (*liehð* er lügt statt *liegð*, *gedríhð* statt *gedríegð* er leidet) stimmlos: in der regel ist er fest. Ueber *igg* sieh § 17.
Schwund des *g*:
1) sporadisch nach *i*: *dysi* thöricht = *dysig*, *Wiláf = Wigláf*, as. *menie = menige* der menge, np. *méðie = méðige* erschöpft; in der späteren sprache öfters.
2) zwischen *i* und *i*, sieh § 61.
3) vor *d* und *n*, sieh § 64. Auch *se āwierda* statt *awierg(e)da* von *āwiergan* verwünschen.

§ 102. Die **gutturale media** steht in der verbindung *ng*, wo ursprünglich kein *j* oder *i* folgte: *hangian* hangen, *bringan* bringen, *hring* ring, *hungor* hunger, *lang* lang, *ðing* ding u. s. w.

§ 103. Die **palatale media** steht:
1) in der verbindung *ng*, wo ursprünglich *j* oder *i* folgte: *breng(e)an* bringen, *sengan* engl. to singe, *ða strengeas* die saiten, *strengio* stärke, *leng* länger u. s. w. Vor liquida steht aber der guttural: *ðá englas* angeli, *ðá Engle*, *Englisc* (aus *Onglī*, *-isc*).
2) in der gemination § 76; geschrieben wird *cg*, vor *a* auch *cge* (varianten von *cg* sind *gg*, *cgg*, *cgg*): *hycg(e)an* aus *hugjan*,

§ 104. *lecg(e)an* aus *lagjan*, *licg(e)an* aus *ligjan*, *hrycg* rücken u. s. w. Selten *Egferþ* statt *Ecgferþ*, *kyclum* statt *kycglum*.

Anm. Varianten von *ng* sind *ncg*, *ngg* (guttural und palatal): *sē gioncga*, *gemencge*, *scéawungge* u s. w.

§ 104. Vor *r* oder *l* werden mediae und tenues öfters verdoppelt: *fefer* fieber gen. sg. *febbres*, *næ̂ddre* neben *næ̂dre* (§ 65), *ætgæddre* neben *ætgædre* zusammen, *ǽrenddraca* neben *ǽrendraca* bote, *sē snottra* neben *sē snotra* der weise, *bettra* neben *betra* besser, *gelíccra* neben *gelícra* compar. von *gelíc* gleich, *æpples* neben *æples*, *æpplas*, -*a* neben *æplas*, -*a* von *æpl* neben *æppel (pp* im nom. aus den cas. obl.) apfel, *áttres* neben *átres* von *átor* neben *áttor (tt* im nom. aus den cas. obl.) gift (§ 65); endlich (aber selten) in der adjectivaldeclination: *ryhttre* von *ryht* recht.

Verdoppelung von *ð* und *l* vor *r* ist selten: *óðð̄re* von *óðer* ander, *hwæðð̄re* neben *hwæðre* jedoch, *micellre* von *micel* gross.

§ 105. Vereinfachung der gemination ist regel:

1) im wortauslaut: *bed*, *wed*, *ful*, *eal*, *féol*, *up*, *feor*, *fier*, *ðis*, *giem*, *grim*, *can*, *mon*, woneben aber auch *bedd*, *wedd*, *full*, *eall*, *féoll*, *upp*, *feorr*, *fierr*, *ðiss*, *giemm*, *grimm*, *cann*, *monn* u. s. w., durch einwirkung der flectierten formen oder ableitungen (*uppan*).

2) im silbenauslaut: *ealre*, *ealra*, *ealne* (neben formen mit *ll)* von *eall*; *fulre*, *fulra*, *fulne* (neben formen mit *ll)* von *full*; *snelra*, *fulra* compar. v. *snell*, *full*; *fylde* praet. v. *fyllan* u. s. w. sieh die flexion.

3) im inlaut: *fielð* 3 sing. v. *feallan*, *fylð* 3 sg. v. *fyllan*, sieh die flexion.

Auch in unbetonten silben wird die gemination vereinfacht: *diegelíce* statt *diegellíce*, *rúmedlíce* statt *rúmmódlíce*; besonders in der declination der *jo-* und *já-*stämme: *byrðen* g d a s. *byrðen(n)e*; *fæsten*, *fæsten(n)es*, -*e* u. s. w. sieh die flexion.

Anorganische gemination findet sich z. b. in *bett* besser, neben *bet*; *fétt* die füsse, neben *fét*; *hélt* neben *hét* praet. von *hátan* got. *haitan*, *sccall* soll neben *sceal*.

§ 106. Verners urgermanisches lautgesetz (Kuhns

Zeitschrift XXIII, 97 ff.). „Zwischen stimmhaften lauten [1]) gehen die stimmlosen spiranten *h, p, f* und *s* in die entsprechenden stimmhaften spiranten *g, ð, b, z* über, wenn der nächstvorhergehende vocal nicht den hauptton trägt". Das Urgermanische hatte in dieser periode noch die indogermanische (freie) betonung. Im Ags. wird *ð* zu *d, z* zu *r, hw* (got. *hw*) zu *h* und das entsprechende *gw* (nach Sievers und Osthoffs gesetz) theils zu *w*, theils (vor *u*) zu *g*: also wechseln *h* und *g; h(w)* und *w, g; ð* und *d; s* und *r;* zwischen *f* und *v* unterscheidet die schrift nicht (§ 89).

Dieser wechsel ist vielfach wieder durch ausgleichung beseitigt. In der conjugation gilt die regel: „stimmloser spirant im praesens und in der 1. und 3. person sing. praeteriti, stimmhafter spirant in der 2. pers. sing. und im plural praeteriti und im part. perf. pass. Beispiele: 1) *h—g: ðwéan* got. *þwahan: ðwóh, ðwógon, geðwægen; sléan* got. *slahan: slóg* nach *slógon, geslægen*, dazu *slegc* got. *slahs* (*i*-st.), *slaga; téon* got. *tiuhan: téah, tugon, getogen*, dazu *(here)toga; téon* aus *tíhan* „zeihen": *táh, tigon, getigen; ðéon* got. *peihan, geðigen; féolan* got. *filhan: fealh, fulgon; pléon* wagen: *pleah; geféon* sich freuen: *gefeah,* [*geféagon*], dazu *gefća, fægen; léan* tadeln: *lóh, lógon, (be)lagen; hón* und *fón* got. *háhan* und *fáhan: héng* und *féng, -hongen* und *-fongen.* — 2) *h(w)—w, g: séon* got. *saihwan: seah, sáwon (séegon), gesewen*, dazu *gesíene, onsíen* aus *-si(g)wni;* — 3) *þ—d: cweðan* got. *qipan: cwæð, cwádon, gecweden*, dazu: *cwide; weorðan* got. *wairþan: wearð, wurdon, geworden; líðan* got. *-leipan*, dazu *lædan, (sumor)lida; sníðan* got. *sneipan: snáð, snidon, gesniden*, dazu *snide; séoðan* sieden, *gesoden;* — 4) *s—r: forleosan* got. *fraliusan: -léas, ðū -lure, -luron, -loren; céosan* got. *kiusan: céas, curen, gecoren; hréosan* fallen: *hréas, hruron, gehroren*, dazu *hryre;* [*genesan*], causat. *generian* u. s. w. Sieh weiter *Grundriss* I, 327.

---

[1]) In dieser fassung bilden *st, sc, sp, ss, hs, ft, ht* keine ausnahmen. Besser wäre: „zwischen oder im auslaut nach stimmhaften lauten".

Declination.

§ 107. **Allgemeines.** — 1) Das *z* (got. *s* aus *z*) fiel im nominativ lautgesetzlich ab (§ 81); also sind nom. und voc. sing. zusammengefallen und die consonantischen stämme im plur. ohne endung.

2) Der nom. plur. fungiert auch als acc. plur.

3) Der nom. (acc.) plur. der substantivischen *o*-stämme geht wie im Altsächsischen auf stimmloses *s* aus: *fiscas*; aber got. *fiskôs* aus *fiskôz*; ahd., anl. *fisca* aus *-ôz*. Die *i*-, *u*- und consonantischen stämme hatten in diesem casus stimmhaftes *s* d. h. *z*, das lautgesetzlich schwand (§ 81).

4) Der gen. sg. auf *-es* geht auf *-as* zurück; das Gotische hat *-is*: *fisces* got. *fiskis*, *mînes* got. *meinis* u. s. w. Die mittelstufe *-æs* erhielt sich in *ðæs*, *hwæs* (got. *þis*, *hwis*); einmal *gâsðæs* des geistes.

5) Der gen. plur. endigt auf *a* aus offenem *ô*; das Gotische hat theils *-ê*, theils *-ô*.

6) Die endung des dat. plur. ist überall *-um* (got. *-am*, *-im*, *-ôm*, *-eim*). Statt *-um* erscheint bisweilen *-un*, selten *-on*, sehr häufig in der schwachen declination besonders der adjective *-an*: Beispiele: *a*) subst. o-stämme *onwealdun*, *mattucun*, *weorcun*, *gewritun*, *ðingun*, *scipun*; *elpendon*, *gewealdon*; *ramman*, *beorgan*, *sîðan*, *searewan*, *hôlan*, *ðingan*, *blêon*; *gewideran*, *earfeðan*; — *b*) subst. á-stämme *wîcstôwun*, *éaðmôdnessun*, *ŷðon*, *hwîlon*, *gifan*; — *c*) subst. *i*-stämme: *cierrun*, *tîdun*, *tîdan*, *gewyrhton*; — *d*) subst. *n*-stämme: *ǽrendracan*, *gesinhîwon*, *mannan*, *ǽlmessan*; — *e*) starke adj.: *hwelcun*, *yflun*, *wunderlicun*, *ǽlcon*, *miclan*, *missellican*; — *f*) schwache adj.: *-an* passim.

Auch die endung *-um* des starken dat. sing. masc. und neutr. der adjectiva geht bisweilen in *-on*, *-an* über: *ǽlcon*, *lŷtlan*, *ôðran*, *cucan*.

7) Die endung *-u* des nom.-acc. plur. neutr. wechselt bisweil-

len mit *-o, -a*: *scipu, scipo, scipa; geflitu, geflito, geflita; héafdu, héafda; óðru, óðra; moneyu, moneya; éowru, íowra; púsendu, púsendo* u. s. w. Im nom. sg. fem. der starken weiblichen adjectiva und part. praet. erscheint selten *-o* statt *-u*, kein *a* (in *cuca* aus *cucu* gehört das *a* zum wortstamm): *ungemetlicu* neben *-lico, unalíefedu* neben *-o*. Die substantivischen feminina haben festes *u*.

8) Der instrumentalis (urspr. locativ) sing. der *o*-stämme endigt auf *-e* aus *-i* (Beitr. 8, 324); dieses *i* (noch übrig in *forhwí*) drang auch in die declination der *á*-stämme ein: sieh *ća* §§ 59 N°. 2, und verursachte umlaut in den erstarrten formen *hwéne* paullo von *hwón* wenig, [*ǽne*] einmal.

9) Das *-t* (got. *-ta*) als endung des neutralen nom.-acc. sing. zeigen nur die pronomina *hit, ðæt, hwæt*, nicht die adjectiva.

10) Bisweilen finden sich alterthümliche schreibungen wie *callæ, sumæ* u. s. w. = *ealle, sume;* oben *gǽsðæs*.

11) Nur die suffixalen *n*, *s* und *t* der mehrsilbigen werden durch nachfolgendes *j* (§ 76) geminiert: *morgen* d s. *mergenne; -nes(s), -nesse; dǽlan, tó dǽlenne; nirewett* enge, *lí(e)gette* dem blitze u. s. w. Nach andern consonanten ist das *j* spurlos geschwunden: vgl. die decl. der nomina auf *-ere, byrele, æðele* u. s. w.

Bemerkung. Zufällig unbelegte, für die lautlehre merkwürdige formen sind in den paradigmata **cursivisch** gedruckt.

Die männlichen o-stämme.

§ 108. Paradigma got. *dags, þius*.

Sing. N.A. weg	dæg § 6	W(e)alh	ðéow § 74	bearo § 74
G. weges	dæges	W(é)ales § 63	ðeowes § 58	bearwes
D. I. wege	dæge	W(é)ale	ðeowe [1]	bearwe
Plur. N. A. wegas	dagas § 5	W(é)alas	ðeowas	bearwas
G. wega	daga	W(é)ala	ðeowa	bearwa
D. I. wegum	dagum	W(é)alum	ðeowum	bearwum

---

[1] Nach *gesewen* vermuthe ich urspr. einen gd s. *ðewes, ðewe*.

§ 108.

Endungslose formen: *tô dæg, ælce dæg, tô morgen; tô, from his ágnum hám* (Or. 17, 24).

Der ns. *bearo* ist angesetzt nach *gearo*; in andern quellen auch *bearu*.

Vocalwechsel in *mágum* neben *mǽgum* von *mǽg*, sieh § 14. Stämme mit vocal + *h: hôh* ds. *hoo*; in andern quellen *scôh* schuh pl. *scôs*.

§ 109. In den mehrsilbigen bleibt der mittelvocal nach kurzer, fällt aus nach langer stammsilbe:
staðol (aus *stapul*) — *staðoles* — *staðole;* — *staðolas* u. s. w.
forerynel (aus *-runil*) — *-ryneles* — *-rynele* u. s. w.
brídel (aus *brigdil*) — *brídles* — *brídle;* — *brídlas* u. s. w.
éðel (aus *ôpil*) — *éðles* — *éðle* u. s. w.
díoful (aus *diobul*) — *díofles* — *díofle* u. s. w.

Anm. *Fultum, -om* behält als compositum (aus *fullteam*) den mittelvocal.

§ 110. Der svarabhaktivocal (§ 70) des nom. sing. kann nach kurzer stammsilbe in den casus obl. bleiben: *æcer*, pl. [*æceras*]; *sticel* ds. *sticele; fugel, -ol,* pl. *fuglas,* [*fugolas*]. Aber *æpl, æppel* augapfel, pl. *æpplas (ap(p)la* bedeutet *äpfel)*, weil die stammsilbe geminiert, also lang ist.

§ 111. Vocalwechsel in unbetonter silbe: *heofen* neben *heofon*, dp. *-enum* neben *-onum; biscep*, np. *biscepas, -opas; pening* pfennig, plur. *penengas, peninga, peningum; folgoð, -að* dienst, gp. *folgeða; eornost* eifer, ds. *eorneste* u. s. w.

Die sächlichen o-stämme.

§ 112. Paradigma got. *waurd, kniu*.

	kurzsilbige.			langsilbige.		
Sing.						
N. A. fæt § 6	lim	cnéow § 74	word	ðéoh		holh
G. fætes	limes	cneowes § 58	wordes	ðéos § 59		hōles § 63
D. I. fæte	lime	cneowe	worde	ðéo		hōle

	kurzsilbige.			langsilbige.		
Plur.						
N. A. fatu § 5	li(o)mu § 53	cneowu	word	ðéoh	holh
G. fata	li(o)ma § 50	cneowa	worda	ðéoa?	hōla
D. I. fatum	li(o)mum § 53	cneowum	wordum	ðéo(u)m	hōlum

Der nap. *ðéoh* begegnet Or. 38, 3. (Das *h* (χ) im napn. widerspricht den lautgesetzen).

Geat hat im plur. neben lautgesetzlichem *gatu* auch *geata, -um* § 30, 1; *græs*, nap. *grasu* nach § 82.

Pleoh ds. *pléo* nach § 59, 3.

Von den stämmen mit cons. + *wo* (§ 74) ist nur *searo* belegt ds. *sear(e)we*, nap. *seara* (§ 61), dp. *searwum, searewan*; das *-e* ist hier svarabhaktivocal.

§ 113. Das *-u* (*-o, -a*) des nap. bleibt nach kurzer, fällt ab nach langer stammsilbe § 68: *scip: scipu; gewrit: gewrito, -u; gebed: gebedu, gebedo, gebeda; bearn: bearn; díor: díor* u. s. w. Auch die ursprünglich einsilbigen mit oder ohne svarabhaktivocal im nom. sing. haben kein *u* im plural: *ðæt wolcn: ðá wolcn; ðæt tungl: ðá tungul; ðæt wǽpn: ðá wǽpn; ðæt wundor: ðá wundor*.

Die urspr. zweisilbigen mit kurzer stammsilbe werfen das *-u* ab (§ 68): *ðæt yfel: ðá yfel*; in andern quellen *ðæt we(o)rod: ðá we(o)rod; ðæt reced: ðá reced*.

Die urspr. zweisilbigen mit langer stammsilbe behalten das *-u* (*-o, -a*): *ðæt héafod: ðá héaf(u)du, -a; ðæt déoful* (auch masc., sieh oben): *ðá déofla; ðæt níeten: ðá níetenu; ðæt bismer: ðá bismra*.

Ausnahmen sind: *ðæt magen: ðá mægenu; ðæt wæter: ðá wæt(e)ru*; ebenso *yf(e)lu* und *wǽpeno, wǽp(e)na* neben regelmässigem *yfel, wǽpn* oben. Auch das ziemlich späte *carcern*, lat. *carcer*, bildet einen plur. auf *-u*.

§ 114. Mit ausnahme der bildungen auf *-en* got. *-ein*, welche den mittelvocal festhalten (*mǽden: mǽdenes, -e; níeten: níetenu, -um*), gilt auch für die neutra die § 109 gegebene syncopierungsregel: *hǽmed: hǽmdes, héafod: héafdes, bismer: bismres*

§ 114.

u. s. w. Daneben aber auch ohne syncope: *hâmedes*, *-e*; *heafudu*; *bismeres*; *wǽpeno*. Diese formen sind durch den nom. sing. beeinflusst [1]). Regelwidrig sind *wætres*, *wætru* (neben *wæteres*, *-eru*) von *wæter*. Aus dem wechsel von *silofr* und *siolfor* got. *silubr* erklären sich die casus obl. *siolufres* neben *siolfres* u. s. w.

§ 115. *Cild* bildet einen nap. *ćá cild* und *cilderu*, g p. *cilda*, d p. *cildum*. Plurales wie *lombru*, *cealfru*, ǽ*gru* von *lomb* lamm, *cealf* kalb, ǽ*g* ei begegnen zufällig nicht. Den ursprung dieses pluralsuffixes erklärt die historische grammatik.

Die jo-stämme.

§ 116. Paradigma got. *hairdeis*, *harjis*, *kuni*.
Die *jo*-stämme mit geminierter consonanz erscheinen im nom. sing., und im nom.-acc. plur. neutr. ohne endung: *gársecg* der ocean; *kynn* geschlecht, got. *kuni*, pl. *kunja*.

	Masculina.			Neutra.	
Sing. N. A.	hierde	here	secg § 76	wîte	kyn(n) § 76
G.	hierdes	her(ig)es	secges	wîtes	kynnes
D. I.	hierde	her(ig)e	secge	wîte	kynne
Plur. N. A.	hierdas	her(ige)as	secgas	wîtu	kynn
G.	hierda	*her(ige)a*	secga	wîta	kynna
D. I.	hierdum	*her(ig)um*	secgum	wîtum	kynnum

§ 117. Gemination des schlussconsonanten findet sich nur in einsilbigen wörtern mit urspr. kurzem vocal wie *hrycg* m. rücken, *pytt* m. puteus, *bedd* n. got. *badi*, *fenn* n. got. *fani* u. s. w. und in den polysyllabis auf *-n* und *-t* wie *fæsten* n. (§ 105, 1) festung und fasten, *wésten* n. (auch f.) wüste, ǽ*fen* m. abend, *ni(e)rewet(t)* n. enge, *emnet(t)* n. ebene, *li(e)get(t)* n. blitz u. s. w. In den casus obl. vereinfachen diese mehrsilbigen bisweilen das

---

1) So z. b. *héafdes*, *héafde: héafod = héafda*, *héafdum: x*; *x = héafudu*. Die von Sievers, Beitr. 17, 288, gegebene erklärung befriedigt nicht: *stréngìþu* erinnert an Lachmann's *sálida*; aus *mæriu* konnte nichts als *mærigu* werden u. s. w.

§ 117.

n und *t*: *fæstennes*, *-e* neben *fæstenes*, *-e*, *li(c)gette* neben *emnete* u. s. w. *Morgen* (§ 108) bildet nach *âfen* einen d s. *morgenne* neben (*êr*)*mergenne*. Hierher der dat. des gerundiums auf *-enne*: *tô dôlenne*.

Bei den übrigen polysyllabis schwindet nach § 107, 11 das *j* spurlos und geht der n s. auf *-e*, der neutrale n p. auf *-u* aus: *sē byrele* der mundschenk, *ðá æðelu* die herkunft, *ðá earfoðu*, *-oðа* die beschwerden, *ðæt ǽrende*, *ðá ǽrenda* die botschaft(en); *sē fiscere*, *ðá fisceras* der, die fischer, *ðá fiðru* die flügel, u. s. w.

Die â-stämme.

§ 118. Paradigma got. *giba*. Die endung *-u* des nom. sing. bleibt nur nach kurzer stammsilbe: *gifu* got. *giba*, *scolu* die schule (der Friesen in Rom), *scamu* scham, u. s. w. Aber ohne *u*: *firen* vergehen, *lâr* lehre nach § 68.

Sing. N.	gifu	lâr	costung	éa § 59
G.	gife	lâre	costunga, -e	éa, éas, íe
D. I.	gife	lâre	costunga, -e	éa, íe, ei
A.	gife	lâre	costunga, -e	éa
Plur. N. A.	gifa, -e	lâra	costunga, -e	éa
G.	gifa	lâra	costunga	éa
D. I.	gifum	lârum	costungum	éaum, éan

Ein gen. plur. auf *-ena*, wie *gifena* statt *gifa*, begegnet nur in späteren texten.

§ 119. Von den kurzsilbigen mit innerem *-a* wechselt nur in *wracu* rache das *a* mit *æ* (vor *c* § 6): g d a s. *wrace* neben *wræce*; die übrigen behalten das *a*; nur im n s. *caru* sorge neben *cearu* mit *u*-umlaut § 51.

Nach *costung* gehen alle abstracta auf *-ung*; die auf *-ing* zeigen niemals *-a* im sing.: *hering* lob g d a s. *heringe*.

Lufu liebe, *ǽdr* ader und die composita auf *-ware* wie *Rômware* die Römer, *burgware* die bürger werden auch schwach flectiert: g d a s. *lufan*, n p. *ðá ǽdran*, *ðá Wihtwaran* u. s. w.

§ 120. Die mehrsilbigen mit langer wurzelsilbe syncopieren den kurzen mittelvocal: *frófor* trost g d a s. *frófre*, *ccaster* stadt g d a s. *ceastre*.

§ 121. Die langsilbigen *wá*-stämme behalten das *w* auch im n s. nach vocal: *stów* ort, *hréow* reue, *tréow* treue u. s. w.; werfen aber in diesem casus nach consonanten das zu *u* vocalisierte *w* ab: *mǽd* wiese (einmal im a s. *mǽd* statt *mǽde*). Das kurzsilbige *beadu* kampf g d a s. *bead(u)we* kommt in unsern texten nicht vor; *scadu* ist zum reinen *á*-st. geworden.

Die jâ-stämme.

§ 122. Paradigma got. *sunja*, *bandi*. Flexion nach den *á*-stämmen.

Sing. N. gierd § 78 | synn § 76 | íeg, cŷg § 80
G. gierde | synne | i(e)ge, igge
D. I. gierde | synne | í(e)ge, igge, eig(g)e § 42, 2
A. gierde | synne | í(e)ge

Plur. N. A. gierda, -e | synna, -e | cŷg(e)a
G. gierda | synna | cŷg(e)a
D. I. gierdum | synnum | cŷg(i)um

§ 123. Vereinfachung der gemination (§ 107, 11) in den casus obl. findet sich nur bei urspr. mehrsilbigen:

a) auf *-en* (got. *-ini* in *Saurini* und *-eins* z. b. *bibaurgeins*), wie *gyden* göttin, *byrgen* grab, *giemen* sorge, den composita mit *-rǽden* u. s. w. g d a s. *-enne* und *-ene*, d p. *-ennum* und *-enum*.

b) in *ciefes* kebse, g d a s. *-ese*; aber mit *ss forleg(n)is* ehebrecherin n p. *-issa* und die abstracta auf *-nes* (*-nis*) aus *-nassí* got. (*in*)*assus* wie *micelnes* grösse, *fægcrnes* schönheit, *yfelnes* schlechtheit u. s. w., g d a s. *-nesse* (*-nisse*), n a p. *-nessa*, *-nesse* u. s. w.

Die i-stämme.

§ 124. Die **langsilbigen** masculina und neutra (nur erkennbar durch den umgelauteten vocal oder den palatal: *sē stenc*: *ðá stenc(e)as*, *sē steng*: *ðá steng(e)as*, *ðæt geswinc*: *ðám geswinc(i)um*) flectieren wie die *o*-stämme. Die masc. bilden daher einen nap. auf *-as*; bloss *léode* leute (in andern quellen auch *ielde* menschen, *ielfe* elfen) und die völkernamen wie *Engle*, *Mierce* behalten das *-e* (aus *-i*, got. *-eis*). Die neutra werfen das *-u* im plur. ab: *ðæt geswinc*: *ðá geswinc*. *Sǽ* got. *saiws* ist masc. (gs. *sǽs*, ds. *sǽ*) und fem. (*ðǽre sǽ*).

§ 125. Die **langsilbigen** feminina (got. *-déds*) flectieren folgendermassen:

	Sing.		Plur.
N.	tîd	N. A.	tîde, tîda
G.	tîde	G.	tîda
D.	tîde	D. I.	tîdum
A.	tîd		

Einige haben im as. auch *-e* nach der *á*-declination: *cwén* königin as. *cwéne*, *fierd* kriegszug as. *fierd* und *fierde*, *hýd* haut as. *hýd* und *hýde* u. s. w. Die endung des nap. *-a* ist aus der *á*-decl. eingedrungen: *gesceaft* geschöpf nap. *-e* und *-a*; *scyld* schuld nap. *-e* und *-a* u. s. w.

Ae gesetz ist im sg. indeclinabel: *ǽ*; daneben aber ein gds. *ǽwe*.
Ni-stämme sind *onsíen* gesicht, *ondlifen* lebensunterhalt, *sægen* sage; *-unpi*-stämme *duguð* und *gioguð* (§ 25). Der as. endigt auf *-e*.

§ 126. Die **kurzsilbigen** masc. (got. *mats*) und neutra flectieren folgendermassen:

Masc.	Neutra	Masc.	Neutra
Sing.		Plur.	
N. A. cwide, Dene	spere	N. A. cwidas, Dene	speru
G. cwides, Denes	speres	G. cwida, Dena	spera
D. I. cwide, Dene	spere	D. I. cwidum, Denum	sperum

§ 126.

Nach *Dene* geht in den poetischen denkmälern *wine* freund: nap. *wine* neben *winas*, gp. auch *wini(ge)a* wie *Deni(ge)a*. Aws. *mete* speise bildet einen plural nach der *jo*-decl. *mettas, metta, mettum*. Nach *cwide* gehen *byge* biegung, *gyte* guss, *hryre* fall (pl. *hryras* statt *hryrias!*), *slege* schlag (pl. *slegeas*), *stæpe* schritt, *stede* ort und viele anderen; ferner die ableitungen auf *-scipe*: *fréond-*, *féondscipe* freund-, feindschaft u. s. w.
Wie *spere* werden, wenigstens im sing., flectiert *ofdæle* abhang, *gedyne* getöne, [*orlege* krieg].

Die u-stämme.

§ 127. Paradigma got. *sunus, handus*:

Kurzsilbige.		Langsilbige.	
Sing.	Plur.	Sing.	Plur.
N. A. sunu	N. A. suna	N. A. hond	N. A. honda
G. suna	G. suna	G. honda	G. honda
D. I. suna	D. I. sunum	D. I. honda	D. I. hondum

§ 128. Nach *sunu* sohn, gehen die masc. *wudu* wald, *sidu* sitte, und das fem. *duru*; letzteres bildet wie das fem. *nosu* nase, einen dat. sing. *dure, nose* (neben *dura*). *Friðu-* erscheint nur in componierten eigennamen wie *Friðugár*; das appellativ lautet *frið* nach der *o*-declination. Von den in unseren quellen fehlenden masc. *meodu* meth, *heoru* schwert, *lagu* see sind keine formen auf *-a* im gds. belegt.

§ 129. Von den langsilbigen hat bloss *hond* hand f. die alte flexion bewahrt: bei den übrigen bewirkte der schwund des *-u* im nas. übertritt zur *o-, á*-decl. Ein dativ sing. auf *-a* findet sich noch bei *eard* wohnsitz (*earda* neben *earde*), *feld* feld und *ford* furt. *Winter* got. *wintrus* hat im gs. *wintra* und *wintres*; ds. *wintra* und danach *sumera* von *sumer* sommer; der plur. lautet *winter* nach *géar*: *tú winter*; nach numeralia auch *wintra* (gp.?).

§ 130. Die neutra: *Feoh* ist *o*-st., der gs. *féos*, ds. *féo* gehen auf *fehő*(+ *s*), *fehő* got. *faihaus*, *faihau* zurück (§ 59). Auch [*lið*] glied ist *o*-st. Der gen. und dat. sing. *fe*(*o*)*la* wird auch als n a s. gebraucht (*feolu* kommt nicht vor).

Die î-stämme.

§ 131. Den gotischen abstractis auf *-ei* (stamm: *ein-*) entsprechen ags. *n*-lose bildungen auf *-í*, das im nom. abfällt (§ 68), sonst aber zu *-e* geschwächt ist; daneben erscheinen erweiterte formen auf *-o*, *-u* im ganzen singular: *menig*(*e*)*o*, *menigu* got. *managei*.

Sing. N. hǣl, hǣlo, hǣlu
  G. D. A. hǣle, hǣlo, hǣlu.

Der plur. nach den *já*-stämmen: *ðá wlenc*(*e*)*a* reichthum, stolz, *ðára wlenc*(*e*)*a*, *ðǽm wlenc*(*i*)*um*.

Zu dieser declination sind theilweise übergetreten die abstracta auf *-ið́u*, got. *ípa*. Nach analogie der durch syncope des *-i* einsilbig gewordenen *híehð* got. *hauhiþa*, *fǽhð* feindschaft u. s. w. (§ 96 B) ist der nom. ohne *-u*: *sǣlð* glück, *frymð* anfang, *slǽwð* trägheit u. s. w.; der gdas. endigt auf *-e*; im nap. wechselt *-a* mit *-o*, *-u*: *ðá sǣlða*, *gesǣlðo* und die plur. tantum *ofermétto*, *-u* übermuth, *eaðmétta*, *-o* demuth (§ 92). Ueber den n s. auf *-t* in *giemeliest*, *recceliest*, *meteliest* sieh § 92.

Die n-stämme.

§ 132. Paradigma got. *hana*, *tuggó*, *augó*.

	Masc.	Fem.	Neutr.	Contracta.
Sing. N.	guma	tunge	éage	geféa, twéo § 59
G. D. I.	guman	tungan	éagan	geféan', twéon.
A.	guman	tungan	éage	geféan, twéon.
Plur. N. A.	guman	tungan	éagan	geféan
G.	gumena	tung(e)na	éag(e)na	*geféana*
D. I.	gumum	tungum	éagum	*geféa*(*u*)*m*

§ 132.

Nach *geféa*, *twéo* gehen *ðréa* bedrohung, *fréa* herr, *léo* löwe und löwin (!), *ðá Swéon* die Schweden; auch *flá* g d a s. n a p. *flán*. Der gen. plur. syncopiert nach langer wurzelsilbe in völkernamen: *ðá Seaxan*, *ðára Seaxna*; in appellativis kann das *e* bleiben.

Nebenformen: 1) neben -*an* erscheint -*on* in *éacon*, *namon* (*nomen*), *úhton* d a s. von *éaca*, *nama*, *úhta* oder *úhte? Eástron* plur. tantum, Ostern; 2) neben -*ena* im g p. auch -*ona*, -*ana* in *welona*, *éarana* von *wela* reichthum und dem neutrum *éare* got. *ausô*.

§ 133. Communis generis sind *cuma*, *gemæcca*, *léo*, feminina mit einem n s. auf -*a* [*gebedda* bettgenossin, *geresta* witwe].

Die kurzsilbigen feminina haben im n s. -*u: lufu* liebe (auch *á*-stamm § 119), [*wucu*] woche.

Die r-stämme.

§ 134. Die verwandtschaftsnamen flectieren folgendermassen:

Sing.

N. A. fæder	môdur, -or	brôður, -or	sw(e)ostor	dohtor
G. fæder	môdur, -or	brôður, -or	sw(e)ostor	dohtor
D. I. fæder	mêder	brêðer	sw(e)ostor	dohtor

Plur.

N. A. fæd(e)ras	*môdor*	brôður, -or	sw(e)ostur, -or	dohtor
G. fæd(e)ra	*môdra*	*brôðra*	*sw(e)ostra*	dohtra
D. I. fæderum	*môdrum*	brôðrum	*sw(e)ostrum*	dohtrum

Nach *brôður*, *sw(e)ostor* gehen die plur. tantum *gebrôðor*, *gesw(e)ostor*. Ein d s. *dehter* und ein n a p. *brôðru* begegnen nicht.

Die stämme auf -nd.

§ 135. Zu dieser gruppe gehören die als nomina actionis gebrauchten participia praesentia (got. *saiands*) und die contrahierten *fréond*, *fćond* feind §§ 23, 43.

	Sing.		Plur.	
N. A.	fréond, féond	êhtend	N. A. fríend, fiend	êhtend, êhtendas
G.	fréondes, féondes	êhtendes	G. fréonda, féonda	êhtendra
D. I.	fríend, fiend	êhtende	D. I. fréondum, féondum	êhtendum

Ein nom. plur. *féond* ohne umlaut ist selten. Von *éhtend*, verfolger, ist einmal ein nom. plur. *éhtende* nach der *jo*-decl. belegt § 147.

Die übrigen consonantischen stämme.

§ 136. Die einsilbigen mit *i*-umlaut im dat. (eig. locativ) sing. und nom.-acc. plur. und im weiblichen gen. sing.

Masculina.   Feminina.

Sing. N.	mon(n)	fôt	tôð	burg	ni(e)ht
G.	monnes	fôtes	tóðes	byr(i)g	?
D. I.	men(n)	fêt	téð	byr(i)g	ni(e)ht
A.	mon(n), monnan	fôt	tôð	burg	ni(e)ht
Plur. N. A.	men(n)	fêt(t)	têð	byr(i)g	ni(e)ht
G.	monna	fôta	tôða	burga	ni(e)hta
D. I.	monnum	fôtum	tôðum	burgum	ni(e)htum

Nach *burg* (*burh*) geht *sulh* pflug ds. *sylg*; neben *byr(i)g* erscheint im gds. auch *burge*. Der gen. *ni(e)htes* ist adverbial. Die plurales *gés*, *mýs*, *lýs*, engl. *geese*, *mice*, *lice* von *gôs*, *mús*, *lús* fehlen zufällig; ebenso *cý* von *cú* kuh. *Bóc* gds. nap. *béc*.

§ 137. Die mehrsilbigen endigen auf *þ*, welches im auslaut schon im Urgermanischen schwand, aber durch beeinflussung der cas. obl. oft wieder im casus rectus angefügt ward:

1) das masc. *mónað* monat, im sing. o-stamm: gen. [*mónðes*], dat. *mónðe*, aber im plur. *mónað*.

2) das neutrum *ealu*- bier, ds. *ealoð*.

§ 138.

Hæle held, plur. *hæleð* (neben *hæle*, *hæleðas*), woraus wiederum ein nas. *hæleð*, begegnet in der poesie. *Mægeð*, pl. -*eð*.

Die starken adjectiva.

§ 138. Paradigma got. *gôds*.

	Kursilbige			Langsilbige		
	Masc.	Neutr.	Fem.	Masc.	Neutr.	Fem.
Sing.				Sing.		
N.	hwæt	hwæt	hwatu, -o	gôd	gôd	gôd
G.	*hwates* § 6		hwætre	gôdes		gôdre
D.	hwatum		hwætre	gôdum		gôdre
A.	hwætne	hwæt	*hwate*	gôdne	gôd	gôde
I.	*hwate*			gôde		
Plur.				Plur.		
N. A.	hwate	hwatu, -o	hwata, -e	gôde	gôd	gôda, -e
G.		hwætra			gôdra	
D. I.		hwatum			gôdum	

ho-stämme § 94   gearo

	Masc.	Neutr.	Fem.	Masc.	Neutr.	Fem.
ng.						
A.	héah	héah	*héah*	gearo	gearo	gearo
G.	*héas* § 59		héare § 94	gearowes, -ewes (-*rwes*)		*gearore* (-*rre*)
D.	*héa(u)m*		héare		*gearwum*	*gearore* (-*rre*)
A.	héan(n)e § 94	héah	héa	gearone	gearo	gearuwe (-*rwe*)
I.	héa				gear(u)we	
ur.						
A.	héa	héa?? héah	héa	gear(u)we	*gearo*	gearwe
G.		héara			gear(o)ra	
. I.		*héa(u)m*			*gearwum*	

1) Im nsf. und napn. fällt das *u* ab nach langer silbe § 68. Bei den *ho*-stämmen fordert das lautgesetz contraction: *héa* aus *heáhu* nach § 59, statt dessen erscheint aber *héah* (mit χ) nach *gôd* u. s. w.

2) Im g d s f. erscheint die volle endung *-ere* (got. *-aizôs*, *-*aizai*) in *sumere*, *hwelcere*, *ælcere*; sonst aber *-re*: *sumre* u. s. w.

3) Der a s m. von *án* lautet *ánne* (got. *ainana*, *ainnó-*) neben *ánne* (aus *ainina*).

4) Ein n a p m. auf *-a* erscheint bei *maneya* und *féawa*, nach *fela*. Ebenso *calla þá burgware*.

5) Die endung *-e* des n p. masc. drang auch, *besonders* in praedicativer stellung, in das neutrum ein: *ealle ðá bearn, longe spell, swíðe monigfalde sint ryhtwísra monna earfoðu*.

6) Die *ho*-stümme haben entweder contraction nach § 59 oder ersatzdehnung nach § 63: *ðweorh*, [*ðwéores*, *ðwéorum* u. s. w.]; eine form *þwýres* quer ist adverbial. *Wóh* hat im d p. *wóm*, *woom*. *Tweobléoh* hat anorganisches *h* § 96; d p. *twiblium*.

7) Die *wo*-stümme. Nach *gearo* geht *nearo*: die epenthesis von *-u-*, *-e-* zwischen *r* ist willkührlich. *Cuca* lebendig bildet die casus obliqui von einem stamme *cuc-*, *cwic-*: d s m. *cucan*, d s f. *cucre*, a s m. *cuicne*, *cucne*, a s f. *cuce*. *Wlacu*, *-o* erscheint nur im nom.; die übrigen casus von *wlæc*. *Féaw* contrahiert im d p. *féawum*, *féaum*, *féam* § 61.

§ 139. Die **mehrsilbigen** flectieren wie die einsilbigen. Man beachte aber folgendes:

1) Die endung *-u* (-*o*, *-a*) des n s f. und n a p n. bleibt in adjectiva mit langer wurzelsilbe; syncopierung des suffixvocals wird (aber nicht strenge) gemieden: *lýtel*: *lýtelu*; *ídel*: *ídelu* neben *ídlu*; *ágen*, *ǽgen*: *ágenu*, *ǽgenu* neben *ágnu*; *óðer*, *óðeru* neben *óðru*, *-a*; *éower*, *éowru*; *hwurful*, *hwurfulu*; *mennisc*, *menniscu*, *-escu*; *ǽnig*, *ǽnegu*, und viele auf *-lic* und *-ig*: *-lecu* (*-licu*), *-egu*. Nach kurzer wurzelsilbe + suffix schwindet *-u*: *micel*: *micel*; *hefig*: *hefug*; *monig*: *monig*, *-og*; durch wechselwirkung der lang- und kurzsilbigen erklären sich formen wie *lýtel* statt *lýtelu*, *éower* statt *éowru*, *ágen* statt *ágenu*, *óðer* statt *óðeru*, *micla* statt *micel*, *monegu*, *-a* statt *monig*.

2) Der kurze mittelvocal *e* bleibt nach kurzer silbe: *monig*: *monege*, *-a*, *-um*; *fægen*: *fægene*; *open*: *opene*, *-a*, *-um*; *yfel*: *yfel*, *-eles*, *-ele*, *-elum*; *welig*: *welegum*; *hefig*: *hefegum*. Daneben aber auch *yfles*, *yfle*, *yflum*; *welge*; *hefgu* u. s. w. *Micel* syncopiert immer *micle*, *-a*, *-um*.

§ 139.

3) Der kurze mittelvocal *e* schwindet nach langer silbe: *lŷtel*: *lŷtle*, *-es*, *-a*, *-um*; *éower*: *éowre*, *-es*, *-um*; *óðer*: *óðre*, *-a*, *-um*; *hálig*: *hálge*, *-a*, *-um* u. s. w. Daneben aber *blôdege*. Die stoffadjectiva auf *-en* (got. *-eins*) wie *gylden* got. *gulþeins*, *stǽnen* got. *staineins* syncopieren niemals. *Agen* got. *aigins*, *hǽðen* got. *haiþns* und *cristen* schwanken. Vgl. auch 1.

4) Starke syncopierungen sind *óðra*, *éowra*, *óðre*, *éowre* aus *óðerra*, *éowerra*, *óðerre*, *éowerre*, g p. und g d s f. von *óðer*, *éower*.

Die jo-stämme.

§ 140. Der ags. *jo*-declination folgen: 1) die gotischen *jo*-stämme: *wilde* got. *wilþeis*; 2) die langsilbigen got. *i*-stämme: *gemǽne* got. *gamains*; 3) die langsilbigen gotischen *u*-stämme, welche nicht wie *heard* got. *hardus* zur *o*-decl. übergetreten sind: *hnesce* got. *hnasqus*; *twelfwintre* got. *twalibwintrus*.

§ 141. Die ags. *jo*-stämme unterscheiden sich bloss im nom. sing. und im nom.-acc. plur. neutr. von den *o*-stämmen:

1) Die durch consonantengemination langsilbig gewordenen, wie *mid(d)* got. *midjis*, sind im nom. sg. masc., fem. und neutr. und im nom.-acc. plur. neutr. endungslos: *nyt(t)*, got. *nutjis und *nutja*.

2) Die ursprünglich langsilbigen gehen im nom. sg. masc. auf *-e*, im nom. sg. fem. und im nom.-acc. plur. neutrius auf *-u* aus: *wilde*, *wildu* got. *wilþeis*, *-i*, *-ja*. Desgleichen *nīwe* got. *niujis* mit gedehntem *i*: *nīwe*, *nīwu*.

3) Die adjectiva auf cons. + *-le*, *-re*, *-ne* haben vor consonantischem anlaut der endung *el*, *er*, *en*: *díegle*, *díegelre*. Aber formen mit *rr* und *nn* sind im Aws. leider nicht belegt; kein *gíferre*, *gíferra*, *frécenne*.

§ 142. Aus *frí* + *o* (got. *freis*) entstand *frío-h*, *fréo-h* mit hinzugefügtem *h* § 96 A; die casus obliqui entweder mit *ig*: *frīge*, got. *frijai*, oder mit contractionsdiphthong *ío*, *éo*: d s m. *fríoum*, d s f. *fréore*, n p m. *fréo*, *frío*, g p. *fríora*, § 23.

§ 143. Paradigma got. *wilþeis*.

	Masc.	Neutr.	Fem.
Sing. N.	wierðe (nytt)	wierðe (nytt)	wierðu (nytt)
G.		wierðes	wierðre
D.		wierðum	wierðre
A.	wierðne	wierðe	wierðe
I.		wierðe	
Plur. N. A.	wierðe	wierðu (nytt)	wierða, -e
G.		wierðra	
D. I.		wierðum	

Die schwachen adjectiva.

§ 144. Die schwache declination der adjectiva ist dieselbe wie die der substantiva. Das paradigma lautet also:

	Masc.	Neutr.	Fem.
Sing. N. V.	gôda	gôde	gôde
G.		gôdan	
D. I.		gôdan	
A.	gôdan	gôde	gôdan
Plur. N. A. V.		gôdan	
G.		gôdena	
D. I.		gôdum, -an	

Seltene nebenformen sind nap. auf -*a* statt -*an*; gp. auf -*ana* statt -*ena* oder auf -*na*: *miclana, gôdna*.

§ 145. Die *ho*-stämme wie *héah* erleiden contraction: *héa, héan*; *wôh, ðára wóna*; *ðweorh* mit ersatzdehnung [*ðwéora, -e, -um*] u. s. w. nach § 63.

§ 146. Die syncopierungsregel ist schon § 139 gegeben. Auch hier viele ausnahmen: *micel* syncopiert immer: *micla, -an, -um*; *yfel* schwankt: *yf(e)la, -an, -um, -ena*; auch die langsilbigen bildungen auf -*ig* schwanken: *ðá éadegan*; sogar die stoffadjectiva

§ 147.

auf -*en* erleiden syncope: *gyldnum*. Eine feste regel ist für die langsilbigen nicht zu gewinnen.

Declination der participia.

§ 147. Das participium praesens ist ein *jo*-stamm: *biddende*, *farende*, u. s. w. Flexion stark und schwach nach §§ 143, 144. Der gen. plur. ist immer stark: *créopendra* niemals *créopend(e)na*. Ein starker nsf. auf -*u* (*libbendu* ist nap. neutr.) und ein starker gen.-dat. sg. fem. auf -*re* ist (wohl zufällig) in unsern texten nicht belegt. Als substantiva, *nomina agentis*, flectieren sie nach § 135.

§ 148. Die participia praeteriti flectieren stark und schwach wie die adjectiva. Die kurzsilbigen auf -*en*, -*ed* syncopieren das *e* der mittelsilbe niemals: *tóbrocene*, *forgifena*, *gecorenum*, *getrymede*, *getrymedu*, *ðurhtogenan*, -*um*. Die langsilbigen auf -*en* stossen den mittelvocal besonders in den schwachen formen häufig aus: *underfongne*, *underfangnan*, *āworpna*, *āworpnan*, *āðundene* = *āðundne*, *gebundene* = *gebundne* u. s. w. Die langsilbigen auf -*ed* syncopieren fast ausnahmslos: formen wie *betýnede*, -*a*; *gehǽlcde*, *bedǽlede* sind selten, und formen auf -*dede*, -*tede*, -*a*, *um* ganz unerhört: stets *ofdrǽdde*, *befǽste* u. s. w.

Die endung -*u* im nom. sg. f. und nom.-acc. pl. n. ist bei den kurzsilbigen selten (regelwidrig nach § 68): *getrymedu*; bei langsilbigen häufiger: *óðfeallenu*, *gehátenu*, *toworpenu*, *álīefedu*, *ārǽredu*, *tódǽldu* u. s. w. Lautgesetzliche apocope des -*u* nach § 68 in *ðurhtogen syn*, *geðóht syn*, *geworht weorc* u. s. w.

Die part. praet. der zweiten schwachen conjugation syncopieren niemals.

Die steigerung der adjectiva.

§ 149. Der comparativ endigt auf -*ra* = got. -*iza* und -*óza*; nur *betera* neben *betra* und einmal *gemódsumera* zeigen die unsyncopierte endung. Der comp., der auf -*ira*, got. -*iza* zurückgeht, zeigt umlaut: *bræd*, *brǽdra*; *eald*, *ieldra* got. *alpiza*; *héah*, *híera* und *hierra* u. s. w.; *-ra* = got. *-óza* ohne umlaut: *beald*, *bealdra*, u. s. w.; *gearo* hat *gearra*. Die flexion ist die der schwachen adjectiva, auch im gen. plur.: *ǽrrena*, *lǽssena*, *ieldrena*; *úterra* jedoch (sieh § 151) bildet einen gen. plur. *úterra* (*útera*).

§ 150. Der superlativ endigt 1) auf *-est* = got. *-ists*, mit *-i*-umlaut: *eald*, *ieldest*; *strong*, *strengest* u. s. w.; nach *h* bloss *-st* in *níehst*, *híehst*; 2) auf *-ost* = got. *-ósts* ohne umlaut bei o-stämmen: *láð*, *láðost*; aber *nytt*, *nyttost* mit uml. als *jo*-stamm. Neben *-ost* auch *-ust*, *-ast* und in den flectierten formen häufig *-est*: *wís*, *wísust*; *eary*, *eargast*; *léof*, *léofusta* und *léofesta* u. s. w. Die flexion ist stark und schwach.

§ 151. Unregelmässige steigerung: *gód* gut: *bet(e)ra*, *betest* = *betst* got. *batiza*, *batists*, neben [*sélla*], *soelest* = *sélest*; *yfel* schlecht: *wiersa* got. *wairsiza*, *wierrest*; *micel* gross: *mára*, *mǽst*, got. *maiza*, *maists*; *lýtel* klein: *lǽssa*, *lǽst*. Aus adverbiis sind entstanden *ǽrra*, *ǽrest* zu *ǽr* früher; *fierra* zu *fierr* comp. von *feor(r)* fern; *néarra*, *níehst* zu *néar*, *níehst* von *néah* nahe; *ǽfterra* zu *ǽfter* hinter, *inner(r)a* zu *innor* von *inne* innen, *ufer(r)a* zu *ufor* höher, *úter(r)a* zu *úte* aussen.

§ 152. Den got. superlativis auf *-umists* entsprechen bildungen auf *-emest*, *-mest*: *ǽftemest* got. *aftumists*; *ýmest* got. *auhumists*, synonym mit *yfemest*; *fyrmest* got. *frumists*; weiter *midmest*, *nioðemest*, *síð(e)mest*, *ýt(e)mest* und *éastemest*, *westemest*, *norðmest*, *súðmest* engl. *southmost*, zu *mid(d)* got. *midjis*, *niðan* unten, *síð* später, *úte* aussen, *éast*, *west*, *norð*, *súð*, ost-, west-, nord-, südwärts.

§ 153. Die endungen *-or* und *-ost* (*-ust*, *-ast*) dienen als compar. und superl. der adverbia: *ǽror* früher, *diopor* tiefer, *fǽstor* fester u. s. w.; *geornost* am liebsten, *oftost* am öftesten u. s. w. Einsilbig sind *bet* got. *bats [1]), *wiers* schlechter, *lǽs* weniger, *síð*(*ðan*) got. (*pana*)*seips*, *fierr* entfernter, *leng* länger, *sél* besser, *íeð* leichter, alle mit *-iz* gebildet (contraction in got. *mais*

---

1) 2 Tim. 1, 18 *mais waila*, βέλτιον; *bats* ist nicht belegt.

§ 153. 57

ags. *má*). Der positiv endigt auf -*e*: *hræð*: *hraðe* und *hræðe*; *læt*: *late* § 6. Zu *séfte* sanft lautet das adv. *sófte*, zu *cláne*: *cláne* statt [*cláne*], jenes ein ursprünglicher *u*-, dieses ein *jo*-stamm.

Die pronomina.

§ 154. Die flexion der pronomina personalia:

	1e pers.	2e pers.	3e pers.		
			masc.	neutr.	fem.
Sing. N.	ic	ðū	Sing. N. hē	hit	hío, héo
G.	mín	ðín	G. his		hi(e)re
D.	mē	ðē	D. him		hi(e)re
A.	mē	ðē	A. hi(e)ne	hit	híe, hî
Plur. N.	wē	gē	Plur. N. A. híe, hî (hii)		
G.	ûre	íower, éower	G. hi(e)ra, hiora, heora		
D.	ûs	íow, éow	D. him		
A.	ûs	íow, éow			
Dual. N.	wit	git			
G.	*uncer*	incer			
D.	*unc*	*inc*			
A.	unc	inc,			

Die accusativformen *mec* statt *mē*, *úsic* statt *ús*, *uncit* statt *unc*, *ðec* statt *ðē*, *éowic* statt *éow*, *incit* statt *inc* fehlen in unsern texten. Auch der gp. *úser* kommt nicht vor, wohl aber *úrra selfra* statt *úre selfra*, *úres nánes* statt *úre nánes*, *úrne hwelcne* statt *úre hwelcne*; wie *íowra selfra*, *éowres ǽlces blôdes*.

Von *hé* ist ein nap. neutr. *hío*, *héo* nicht belegt; wohl aber als nap. masc. und fem.

§ 155. Die possessiva sind *mín*, *ðín*, *úre*, *éower* (*eówer*). *Sín*, *incer* und *uncer* fehlen. Als possessivum der 3en ps. dient der gen. des pron. *hē*. Die declination ist die starke; *úre* wird folgendermassen flectiert: Sing. nmfn. *úre*; gsmn. *úres*, f. *úre*, *úrre*; dsmn. *úrum* = *ússum*, f. *úre*, *úrre*; asm. *úrne*, f. *úre*, n. *úre*; imn. *úre*. Plur. na. *úre*, g. *úrra*, *úra*, d. *úrum*.

§ 156. Die demonstrativa.
1) Das demonstrativum *sē*, *sío*, *ðæt* fungiert auch als bestimmter artikel.

	masc.	neutr.	fem.
Sing. N.	sē	ðæt	sío, séo
G.	ðæs		ðǽre
D.	ðǽm, ðām		ðǽre
A.	ðone	ðæt	ðā
I.	ðȳ̂, ðon		
Plur. N. A.		ðā	
G.		ðāra, ðǽra	
D. I.		ðǽm, ðām	

Seltnere nebenformen von *ðone*, *ðon* sind *ðane*, *ðan*. Das anlautende *ð* ist (wie bei *ðes*, *ðíos*, *ðæt*) stimmhaft (vgl. *ob ðæs* Cura Past. 304, 9).

2) *ðes*, *ðéos*, *ðis(s)* 'dieser':

	masc.	neutr.	fem.
Sing. N.	ðes	ðiss, ðis	ðíos, ðéos
G.	ðises, ðisses ðys(s)es		ðisse
D.	ðisum, ðissum, ðysum, ðiosum, ðeosum		ðisse
A.	ðisne (ðysne)	ðiss, ðis	ðās
I.		ðȳ̂s	
Plur. N.		ðās	
G.		ðissa	
D. I.		ðissum	

Seltnere nebenformen vom d s m n. sind *ðioson*, *ðeosun*, *ðiosan*, *ðeosan*, vom d p. *ðisum*, *ðyssum*, *ðiosum*, *ðiossum*.

§ 157. Dem got *jainai* entspricht einmal: *tó geonre byrg* to yonder city, C. Past., was einen nom. sg. f. *geonu vermuthen lässt.

§ 158. Als relativum dient 1) das demonstrativum *sē*, oft verdoppelt: *sē sē*; 2) *sē* mit der partikel *ðē*: *sē ðē*, oft mit verdoppeltem *sē*: *sē sē ðē*; 3) die partikel *ðē*. Flectiert: *sē ðē his* cujus, *sē ðē him* cui, *sē ðē hine* quem u. s. w. Selten dient

§ 158.

die conjunction *ond* als relativum: *Tantun ond* (Tantun das) *ȋne ǽr timbrede* (alterthümlich). *þæt þē* wird auch assimiliert zu *ðætte*.

§ 159. Das interrogativum *hwā, hwæt* got. *hwas, hwa* wird nur im masc.-neutr. sing. gebraucht: n s. *hwā, hwæt,* g s. *hwæs,* d s. *hwám = hwǽm,* a s. *hwone (hwane), hwæt,* instr. *hwý,* neben *hwí* in *forhwí* (§ 107, 8) und *hwon (hwan)* in *forhwon, tóhwon.* Davon abgeleitet sind *gehwā* und *ǽghwā* jeder.

§ 160. *Self* got. *silba* flectiert stark; daneben ein schwacher nom. sg. masc. auf *-a*: *God selfa,* und ein schwaches neutr. nach dem art.: *ðæt selfe, ðǽm selfan = ðæt ilce, ðǽm ilcan.*

§ 161. *Hwæðer* 'uter' nebst compos. *gehwæðer, ǽghwæðer = ǽgðer, (n)óhwaðer = (n)ó(w)ðer, hwelc* nebst *gehwelc, ǽghwelc* flectieren nur stark. *Swelc, swylc* got. *swaleiks* flectiert mit dem bestimmten artikel auch schwach: *ðá swelcan;* sonst stark.

Die numeralia.

§ 162. Die cardinalia sind:
1 *án* (§ 128, 3); 2 *twégen,* fem. *twá,* neutr. *twá = tú,* g p. *twég(e)a = twégra,* d p. *twám = twǽm;* 3 *príe,* fem. und neutr. *ðrío, ðréo,* g p. *ðríora, ðréora,* d p. *ðrím;* 4 *fíower, féower,* g p. *-a;* 5 *fíf;* 6 *siex;* 7 *siofon, seofon, -an;* 8 *eahta;* 9 *nigon, -an;* 10 *tíen;* 11 *en(d)lefan;* 12 *twelf;* 13—19 *ðrí-, féower, fíf-, si(e)x-, seofon-, eahta-, nigontíene, -téne, -týne;* 20 *twéntig;* 30 *ðrítig;* 40 *féowertig;* 50 *fíftig;* 60 *siextig.*
70 *hundseofontig = seofontig;* 80 *hundeahtatig = eahtatig;* 90 *hundnigontig;* 100 *hundtéontig = án hund;* 110 *hundǽlleftig;* 120 *hundtwelftig;* 200 *tú = twá hund;* 300 *ðréo hund;* 400 *féower hund* u. s. w. bis 1000 *án ðúsend,* 2000 *twá ðúsend* u. s. w., 5000 *fíf ðúsend = ðúsendu, -o* u. s. w.
Die zahlen auf *-tig* sind entweder indeclinabel oder sie flectieren als neutr. substantiva 1) im sing.: *ðrítig cyninga, ðrítiges géara eald;* 2) im plural mit einem gen. auf *-ra, -a* und

einem dat. auf *-um*: *twéntigra monna*, *þrítiya sum*, *æfter siexteyum daya*, *on fíftegum mancessa* u. s. w.

hund ist entweder indeclinabel: *mid ðréohund scipa*, oder es bildet einen dativ *hunde*, selten *hundum*: *mid ðrím hunde scipa*; *æfter fíftig wintra ond féower hundum*. Die zahlen von 1—9 folgen auf *hund*, gehen aber den zehnern voran: *féower hund ond twá ond hundeahtatig*. Die zahlen von 1—9 bleiben dann unflectiert: *ðára twá ond twéntigra*.

§ 163. Wie *twégen* flectiert *bégen*: npm. *bégen*, fem. [*bá*], neutr. *bútu*, *búta* (auch fem.); gp. *bégra*, dp. *bǽm*.

§ 164. Die ordinalia flectieren bis auf *óðer* sämmtlich schwach:

1 *sē forma*, 2 *sē æfterra*, *óðer*, 3 *sē ðridda*, 4 *sē féorða*, 5 *sē fífta*, 6 *sē si(e)xta*, 7 *sē seofoða*, *-eða*, 8 *sē eahteða*, 9 *sē nigeða*, 10 *sē téoða*, 11 *sē enlefta*, 12 *sē twelfta*, 13 *sē ðreotéoða*, u. s. w.; 20 *sē twéntiogoða*, 30 *sē ðrítigoða* u. s. w. aber auch *-teogða -téoða*: 40 *sē féowertéogða*, *féowertéoða* (fehlerhaft) u. s. w.; 100 [*hundtéontigoða* (Aelfric)]; 110 *hundælleftiogoða* u. s. w. Für 200 u. s. w. fehlen die ordnungszahlen. Zusammengesetzte zahlen: *on ðǽm án ond ðrítigoðan psalme*, *on ðǽm twǽm ond féowertéoðan wintra*.

Conjugation.

§ 165. Allgemeines. Die ags. conjugation unterscheidet sich von der gotischen in den folgenden punkten:

1) Das Ags. besitzt ein gerundium auf *-anne* (*-onne*, *-enne*), das dem got. infinitiv mit *du* (aber nicht lautlich) entspricht: *tó beranne*, *-onne*, *-enne* = got. *du bairan*; *tó sec(e)anne* got. *du sókjan*; *tó lufianne*, *-i(g)enne* u. s. w.

2) Die 3. person praes. ind. geht auf *þ* (*ð*) aus (got. *-d*): *bireð*, *berað*: got. *bairid*, verschärft zu *bairiþ*, *bairand*. Daneben seltene formen auf *-t*: *leget* = *legeð* got. *lagjiþ*, *lǽrat* = *lǽrað* got. *laisjand*.

§ 165.

3) Die erste und zweite pers. plur. werden durch die dritte ersetzt: *nimaþ*, got. *nimam, nimiþ, nimand; bǽrun* got. *bérum, bérup, bérun; nime* got. *nimau, nimais, nimai; nimen* got. *nimaima, nimaiþ, nimaina; hǽre* got. *bérjau, béreis, béri; bǽren* got. *béreima, béreiþ, béreina*.

4) Die zweite pers. sing. praeteriti ind. auf -*t* kommt nur in praeterito-praesentia vor; die starken verba haben die endung -*e*: *bǽre* got. *bart*.

5) Das *j* der *jo*-stämme ist schon im Urangels. vor -*is* und -*iþ* in der 2. und 3. person ind. sg. ausgefallen: got. *satja, satjis, satjiþ*, urangels. *satjō, satis, satiþ* u. s. w.

6) Die erste pers. praes. ind. auf -*o* (aus -*u*) ist antiquiert; einmal nur *ic cweðo*; reste in den contrahierten formen: *ic séo* got. *saihwa*, *ic sléa* got. *slaha* u. s. w.; sonst ist die endung -*e*: *ic cweðe* die des conjunctivs.

7) Der zweiten pers. sg. ind. wird gewöhnlich (nicht immer!) ein *t* angehängt (*t* aus *ð* von *ðu*: *spricsðu, spricstu*, woraus *ðu spricst* § 92): *ðu spricst, findst, tǽldest, gemengdest* u. s. w. *St* wird auch zu *sð* (§ 91 A): *ðu tǽldesð*.

8) Das part. perf. pass. hat bis auf wenige ausnahmen (*sungen, hered*, und ausschliesslich *cumen, funden*) das praefix *ge-*: *gesewen, geboren* u. s. w.

9) Das starke praeteritum und part. perf. pass. zeigen in der regel grammatischen wechsel, sieh § 106.

§ 166. Der plural praet. endigt auf -*un*, das aber gewöhnlich in -*on*, mitunter in -*an* übergeht: *wurpun, -on* got. *waurpun, bǽran* got. *bérun* u. s. w.

§ 167. Der conj. plur. endigt auf -*en*, woneben (in der starken und schwachen conj.) auch -*on* (-*an*) und, ohne nasal, -*e*: *faran*: *fóren* und *fóre; wesen*: *wǽren, wǽre, wǽron* und *wǽran*, got. *wéseina*. Die form auf -*e* ist die regelmässige, wenn die pron. *wē, gē* unmittelbar folgen: *binde wē, binde gē* u. s. w.; diese verbindungen gelten auch als ind. praes. und praet.: *ne fæste gē = ne fæstað* und *fæstun gē, cweðe wē = cweðað wē, ǽte gē = ǽton gē* u. s. w.

Die starken verba.

§ 168. Die zweite und dritte person praes. ind. zeigen *i*-umlaut und syncopieren das (aus *i* entstandene) *e* der endungen -*est* (-*esð*) und -*eð*: *sprecan*: *ðū spricsð*, *hē spricð*; *stelan*: *hē stilð*; *sáwan*: *hē sǽwð*; *búgan*: *hē býgð*; *téon*: *hē tíehð*; *héawan*: *hē híewð* u. s. w. Nicht syncopierte formen sind nicht häufig, formen ohne umlaut ziemlich selten: *helan*: *hē heleð* = *hilð*; *beran*: *hē bireð* = *birð*; *faran*: *hē færeð* = *farð* (§ 33); *búgan*: *hē býgeð* = *býgð*; *flówan*: *hē fléwð* = *flóweð*; *weorðan*: *hē weorðeð* = *wierð* u. s. w.

§ 169. Hinsichtlich der syncopierten formen gelten folgende regeln:

1) gemination wird vereinfacht: *onginnan*, *hē onginð*; *āblinnan*, *hē āblinð* u. s. w. nach § 105, 3.

2) *d* vor -*t* wird zu *t*, und auslautendes -*tt* (aus $d + t$ oder $t + t$) oft vereinfacht: *tredan*: *hē trit*; *fealdan*: *hē fielt*; *berstan*: *hē bierst*; *hátan*: *hē hǽt*; *scéotan*: *hē scíet*; *bebéodan*: *hē bebíet*; *wealdan*: *hē wielt* (selten *wielð*); *feohtan*: *hē fieht* u. s. w. Mit *tt*: *etan*: *hē itt*; *bebéodan*: *hē bebíett* neben *bebíet* (oben) u. s. w. Ebenso *tst* aus *dst* in *ðū fintst* = *findst* von *findan*. *Hē bidt* von *biddan* ist, wie *ðū findst*, etymologische schreibart.

3) *ð + st* oder *ð* wird zu -*st*, -*ð* (§ 92): *cweðan*: *ðū cwist*, *hē cwið*; *weorðan*: *ðū wyrst* = *wyrðest*, *hē wyrð*, *wierð*; *sníðan*: *hē sníð*.

4) *s + ð* wird zu *st* nach § 92: *céosan*: *hē cíest*; *gehréosan*: *hē gehrí(e)st*; *forléosan*: *hē forlí(e)st* u. s. w.

5) *g + ð* wird bisweilen (nach § 101) zu -*hð*: *dréogan*: *hē dríhð*; *léogan*: *hē lí(e)hð*.

6) *licgan* hat *ligeð* = *lið* § 61. Ueber *geféon*: *hē gefihð*; *séon*: *hē siehð*; *sléan*: *hē sliehð*; *ðéon*: *hē ðíehð*; *ðwéan*: *hē ðwiehð*; *fón*, *hē féhð* u. s. w. §§ 46, 96.

§ 170. Paradigma got. *faran* u. s. w.

§ 170.

Praesens indicativi.

Sing.	1. fare	sprece	séo	sléa	téo
	2. fær(e)st, -sð	spricst	siehst	sliehst	tiehst
	3. fær(e)ð	spricð	siehð	sliehð	tiehð
Plur.	1—3. farað	sprecað	séoð	sléað	téoð

Praesens optativi.

Sing.	1—3. fare	sprece	séo	sléa	téo
Plur.	1—3. faren	sprecen	séon	sléan	téon

Praesens imperativi.

Sing.	2. far § 7	sprec	seoh	sleah	téoh
Plur.	2. farað	sprecað	séoð	sléað	téoð

Infinitiv. faran	sprecan	séon	sléan	téon
Part. praes. farende	sprecende	séonde	sléande	téonde

Gerund. tô faranne, -enne, -onne u. s. w.

Praeteritum indicativi.

Sing.	1. fôr	spræc	seah	slôg	téah
	2. fôre	sprǣce	sâwe	slôge	tuge
	3. fôr	spræc	seah	slôg	téah
Plur.	1—3. fôrun, -on, -an	sprǣcun	sâwun	slôgun	tugun

Praeteritum optativi.

Sing.	1—3. fôre	sprǣce	sâwe	slôge	tuge
Plur.	1—3. fôren	sprǣcen	sâwen	slôgen	tugen

Part. praeteriti: *gefaren* u. s. w., sieh die ablautsreihen.

Das praeteritum optativi und die 2. ps. praet. ind. zeigen niemals umlaut. In einigen part. praet. erscheint der *i*-umlaut: die endung war dann *-ino-* (vgl. got. *fulgins, aigins*), nicht *-ono-*; sieh die ablautsreihen.

Die ablautsreihen.

§ 171. Klasse I, got. *dreiban*:

    drîfan — drâf — drifon — (â)drifen.

Grammatischer wechsel:

    snîðan — snáð — snidon — gesniden.

und contraction (§ 59): ðéon — ð́áh — ð́igon — geðigen.

Nach *drîfan* gehen *bîdan* got. *beidan*, *bîtan* got. *beitan*, *grîpan* got. *greipan*, *hnîgan* got. *hneiwan*, *spîwan* got. *speiwan* u. s. w.; nach *ð́éon* auch *wréon*. *S(c)nican* to sneak und *ripan* to reap haben im praesens kurzes *i*. Grammatischer wechsel fehlt sonst (in andern quellen aber noch *be-*, *geliden* von *-lîðan* got. *-leiþan*): *ârîsan* — *ârisen*; *wrîðan* — *gewriðen* u. s. w. *Téon* got. *-teihan* wird wie *téon* got. *tiuhan* § 172 flectiert. Das isolierte *oferð́ungen*, übertroffen, beweist dass *pîhan* (sieh oben: *ð́éon*) aus urspr. *penhan*, *pinhan* (§ 25) entstanden ist.

§ 172. Klasse II, got. *biudan*:

    béodan — béad — budon — geboden.

Grammatischer wechsel:

    céosan — céas — curon — gecoren.

und contraction (§ 59): téon — téah — tugon — getogen.

Nach *béodan* gehen *dréogan* got. *driugan*, *géotan* got. *giutan*, *léogan* got. *liugan*, *âð́réotan* got. *uspriutan* u. s. w. Nach *céosan* got. *kiusan* gehen *fréosan* frieren p p p. *oferfroren*, *hréosan* fallen, *hréas*, *gehroren*; *forléosan* got. *fraliusan*, *-léas*, *-luron*, *-loren*; *séoð́an* sieden p p p. *âsoden*.

Statt *éo* haben *û* als praesensvocal: *brúcan* got. *brúkjan*, *búgan* got. *biugan*, *dúfan* tauchen, *lútan* sich neigen, *scúfan* nl. *schuiven*, *slúpan* nl. *sluipen*, *súgan* saugen, *súpan* saufen u. s. w.

§ 173. Klasse III, got. *bindan*:

| bindan | — band | — bundon | — gebunden |

r-metathesis § 82:

bi(e)rnan	— barn, bærn	— burnon	— geburnen
i(e)rnan	— orn	— urnon	— . . . . .
tôrinnan	—	—	— . . . . .

§ 173.

got. *hilpan*:
helpan	— healp § 26	— hulpon	— geholpen
gieldan § 30	— geald	— guldon	— ongolden

r-metathesis § 82:
berstan	— bærst	— *burston*	— *forborsten*

got. *-ilcan* oder *-ilqan*:
aseolcan § 27	—	—	— besolcen

got. *hwairban*:
hweorfan § 27	— hwearf § 26	— hwurfon	— onhworfen

got. [*faihtan]:
feohtan § 27	— feaht § 26	— fuhton	— gefohten

Grammatischer wechsel:
weorðan	— wearð	— wurdon	— geworden
féolan § 63	— fealh	— fulgon	— *befolen*

Nach *bindan* gehen *drincan* got. *drigkan*, *findan* got. *finþan*, mit schwachem praet. *funde*, aber mit starkem ppp. *funden*; *onginnan* got. *duginnan*, *blinnan* aus *belinnan* got. *aflinnan*, *sincan* got. *sigqan*, *singan* got. *siggwan*, *stincan* got. *stigqan* u. s. w. Von *climban* (mnl. *climmen*, *cliven*) begegnet ein praet. *oferclom*. *Bringan* got. *briggan* sieh § 196.

Nach *helpan* gehen *sweltan* got. *swiltan*, *belgan* zürnen, *delfan* graben, *meltan* schmelzen, *swelgan* nl. *zwelgen*, *swellan* schwellen u. s. w. Nach *berstan* geht ð*erscan* got. *þriskan*.

Nach *hweorfan* gehen *beorcan* bellen, *beorgan* bergen, *ceorfan* schneiden, *sceorfan* schürfen, *weorpan* got. *wairpan* u. s. w.

Bregdan und *stregdan* stossen oft das *g* aus (§§ 64, 100): *brēdan*, 3 sg. *britt*, pt. *bréd*, *brūdon*, ppp. *gebrogden* = *gebrōden*.

Frignan = *frīnan* got. *fraihnan*, praet. *frægn* (got. *frah*) [*frugnon*, *frugnen*] behält das praesenssuffix *-n* auch in den übrigen formen. Desgleichen *spornan* [*spearn*, *spurnon*] und [*murnan*, *mearn*, *murnon*].

§ 174. Klasse IV, got. *bairan*:
beran	— bær — bêron	— geboren.
scieran § 30	— scær — scéaron § 30	— scoren (*adj.*)
niman § 24	— nam — nâmon, nômau § 24	— genumen

Nach *beran* gehen *brecan* got. *brikan*, *cwelan* sterben, *helan* verhehlen, *stelan* got. *stilan*, *teran* got. *tairan*. *Cuman* got. *qiman* bildet den optativ und das ppp. auch mit *i*-umlaut: *hé cume*, *cyme*; *cumen*, *ítancymen*; das praet. sing. hat *ó* aus dem plural: *cóm*, *cuom*, pl. *cómon* § 24; daneben *cuóm*, *cuómon*. Von *niman* setzen einige forscher das praet. *nom* (neben *nam*) mit langem *ó* (wie *cóm*) an.

§ 175. Klasse V, got. *wrikan*:

wrecan	— wræc	— wrǣcon	— gewrecen.
giefan § 30	— geaf	— géafon	— gifen.
etan	— ǣt (got. *frét*)	— ǣton	— (fr)eten.

Grammatischer wechsel:
cweðan — cwæð — cwǣdon — cweden.
Gramm. wechsel und contr. § 59:
séon — seah — sáwon — gesewen.
Contraction § 59:
geféon, plíon — pleah — *gefǣgon*
jo-praesens, got. *bidjan*:
biddan — bæd — bǣdon — abeden.

Nach *giefan* geht *gietan* got. *(bi)gitan*; nach *wrecan*: *metan* got. *mitan*, *genesan* got. *ganisan* pl. praet. *genǣson*, *wegan* got. *wigan*, *sprecan* ppp. *gesprecen*, *tredan* (aber got. *trudan*) u. s. w. Nach *biddan* gehen *licgean* und *sittan*.

§ 176. Klasse VI, got. *faran*:

faran — fôr — fôron — gefaren.
Contraction: sléan — slôg (!) — slôgon — geslagen.
jo-praesens, got. *hafjan*: hebban — hôf — hôfon — ahafen.
n-infix, got. *standan*: standan — stôd (!) — stôdon — ......

Nach *faran* gehen *hladan* got. *hlapan*, *dragan* got. *dragan*, *sacan* got. *sakan*, *sc(e)acan* fliehen u. s. w. Aber *spanan* verlocken hat neben *spón* auch ein praet. *spéon*; *weaxan* (got. *wahsjan*, *wóhs*) ausschliesslich *wéox*. Nach *sléan* gehen *léan*, praet. *lóh* (aber *sléan*: praet. *slóh* aus *slóg*), *ð-wéan* got. *þwahan*. Zum praet. *onwóc* lautet das praesens *onwæcnan* § 195.

Nach *hebban* gehen noch *hliehhan* got. *hlahjan*, *sc(i)eppan* got. *skapjan* praet. *scóp* und *scéop* § 30, ppp. *gesc(e)apen*; *stæppan*

§ 176.

stapfen § 33. *swerian* got. *swaran*, das aber ein ppp. *gesworen* bildet!
Part. perf. pass. mit *æ* neben *a*: *útáfæren, forsæcen, (gefor- á)slægen, áðwægen, áhæfen*; daneben formen mit *a* (§ 33).

§ 177. **Reduplicierende verba.** Die reduplication hat sich bloss bei *hátan* erhalten, sieh § 181; *léolc, léort, réord, ondréord* von *lácan, lǽtan, rǽdan, ondrǽdan* sind anglisch (urspr. mit *eo*).
Got. *haldan*: healdan § 26 — héold, híold — gehealden.
Got. *fáhan*: fôn §§ 25, 59 — fêng — gefangen.
Nach *healdan* gehen *feallan* fallen, *wealdan* got. *waldan*, *weallan* wallen, *fealdan* got. *falpan*, *wealcan* walken. Nach *fôn* geht *hón* got. *háhan*. *Gangan* ist im Aws. defectiv; sieh *gán* § 204.

§ 178. Got. *létan*: lǽtan — lêt — forlǽten.
So gehen noch *rǽdan* got. *rédan, ondrǽdan* sich fürchten. *Slǽpan* bildet neben *slép* ein schwaches *slǽpte*; im praesens auch *á* § 14: *slápan* (stark) neben *slápian* (schwache II klasse).

§ 179. Got. *saian*: sâwan § 72 — sêw — *gesáwen*.
              cnâwan — cnêw, cníow — oncnâwen.
              blâwan — bléow — *tóbláwen*.
I-umlaut in den nebenformen *sǽwan* (erinnerung an *sǽjan?*) von *sáwan* und dem ppp. *geðrǽwen = geðráwen* von *ðráwan* to throw. *Cráwan* to crow [*créow*] und *máwan* to mow begegnen nur im praesens; *wáwan* wehen fehlt.

§ 180. Got. *hwópan*: blôtan (got. *blótan*) — bléot — [*-blóten*].
Danach gehen *flówan* to flow, *grówan* to grow, *rówan* to row, *spówan* gedeihen und, mit einem *jo*-praesens, *wépan* (got. schwach: *wópjan, -ida*), *wéop, bewópen*. *Aswógen* erstickt zu *swógan* (vgl. engl. *swoon*).

§ 181. Got. *haitan*: hâtan — hêt(t) § 105 — (ge)hâten.
Daneben zweimal ein praet. *heht* (mit *h* als hauchlaut? der gutturale spirant hätte *heoht*, der palatale spirant *hieht* ergeben § 47; oder *héht?*) So gehen noch *lácan* got. *laikan, léc*;

scádan, scéadan got. skaidan, scéd neben scéad § 30, 7, -scáden. Nur swápan hat swéop (nicht swép), -swápen.

§ 182. Got. hlaupan, aukan: hléapan — hléop — hléapen, éacen.

So gehen noch béatan schlagen und héawan hauen. Dem starken got. bauan, bauiþ entspricht ein part. praesens búende und ein ppp. gebún; dem schwachen bauan, bauaida entspricht búgean (i. e. búôjan § 194), praet. búde ppp. gebúd.

DIE SCHWACHEN VERBA.

Die erste oder jo-klasse.

§ 183. Von den **kurzsilbigen** behalten das (zu *i* vocalisierte) *j* nur die stämme auf *r* und einige auf *l*, *m*, *n*, ð: behelian, werian, temian, ðenian, wreðian sieh § 77; die übrigen geminieren (ausser in der 2. und 3. ps. sing. ind.; sieh § 165, 5) den schlussconsonanten und stossen das *j* aus, sieh § 76. Bei den langsilbigen schwindet *j* (aber umlaut!), sieh § 76. Intervocalisches *j* bleibt in hlígan mnl. líen § 79; aber getýn unterrichten aus getýhjan; pl. opt. getýn, ppp. getýd § 59, 7.

§ 184. Die 2. und 3. ps. sing. praes. ind. endigt nach kurzer wurzelsilbe auf -*est*, -*eð*; nach *s* und *t* tritt stets, wie gewöhnlich nach langer stammsilbe syncopierung des *e* ein: derian: hē dereð; ferian got. farjan: hē fereð; herian got. hazjan: he hereð u. s. w.; cnyssan: hē cnysð; hwettan nl. wetten: hē hwett; lettan got. latjan: hē lett; wénan got. wénjan: ðu wénst neben wénest, hē wénð neben wénéð; dǽlan got. dailjan: hē dǽlð neben dǽleð; fyllan: hē fylð = fylleð; cýðan got. kunþjan: hē cýð(ð); lǽdan leiten: hē lǽt u. s. w. nach den syncopierungsregeln § 169. Auch einige kurzsilbigen wie secgan: hē segð; sellan got. saljan: hē selð (neben seleð); lecgan got. lagjan: hē legð (neben legeð) syncopieren öfters.

§ 185. Das **praeteritum** (got. -*ida*) der ursprünglich kurzsilbigen endigt auf -*ede*: nerian: nerede; herian: herede; ðenian:

§ 185.

ðenede; cnyssan: cnysede; āwecgan: āwegede; fremman: fremede u. s. w. Aber nach stämmen auf -t, -d immer syncope: hreddan: hredde; lettan: lette; settan: sette u. s. w.; lícettan: lícette, sárettan: sárette u. s. w. Auch lecgan got. lagjan und ðicgan syncopieren: legde, ppp. belēd § 64; ðigde neben ðigede.

§ 186. Das praeteritum der ursprünglich langsilbigen syncopiert das *e* der endung -ede (got. -ida): gemination wird vereinfacht (§§ 71, 105): stíeran got. stiurjan: stíerde; fyllan got. fulljan: fylde; déman got. dōmjan: démde; cennan got. kannjan: cende; híenan got. haunjan: híende; hǽlan got. hailjan: hǽlde; álíefan got. uslaubjan: álíefde; cȳðan got. kunþjan: cȳðde; -brǽdan got. braidjan: brǽdde u. s. w.; ähnlich getȳn (§ 59, 7) unterrichten: getȳde aus gitūhida.

Getríewan vertrauen: getríewde. Aber gierwan, smi(e)r(e)wan und sierwan neben sierian: gi(e)rede = gérede, si(e)rede, smi(e)rede § 73, 4.

Silbenbildende liquida ist selten: ðrysman ersticken: ðrysmde; wyrsman eitern: wyrsmde (wyrmsde); siglan, seglan segeln: siglde, seglde, daneben sigelede, wie timbran got. timrjan: timbrede; bytlan to build: bytlede; gebíecnan anzeigen: gebí(e)cnede u. s. w. Syncope des *n* in nemnan got. namnjan: nemde.

Nach stimmlosem wurzelauslaut (*p*, *c*, *t*, *ss*, *ff*) wird -de zu -te verschärft (wie im Niederländischen) nach § 191 B: slǽpan (oben § 178): slǽpte; drencan got. dragkjan: drencte; gemétan got. gamōtjan: gemétte; [cyssan küssen: cyste (vereinfachung der gemination § 105, 3), líexan leuchten: líexte] u. s. w.

Nach consonanten werden -dde und -tte zu -de, -te: sendan got. sandjan: sende; gelǽstan got. galaistjan: gelǽste u. s. w.

Oleccan schmeicheln und die verba auf -lǽcean wie néalǽcean sich nähern, haben im praet. ōlecte neben ōlehte, néalǽcte neben -lǽhte § 99. In anderen quellen begegnen íehte = íecte von íeccan vermehren, auch ppp. geíeht = geíeced; ðryccean drücken ðryhte = ðrycte u. s. w.

§ 187. Das participium praeteriti endigt in unflectierter form auf -ed. In der flexion bleibt das -e nach kurzer wurzelsilbe: fremman, gefremed -e, -a, -um, -ne, -re u. s. w. Aber regelmässig syncope nach *d*, *t*: *settan*: *geset*, *gesette*, -*an* u. s. w. Die langsilbigen syncopieren gewöhnlich in den flectierten formen nach der § 186 gegebenen regel: *besencan* senken: *besenced*, *besencte* u. s. w. Unsyncopierte formen von wurzeln auf *d*, *t* erscheinen fast nie: *befæstan*, *befæst*, -*e*, -*a*, -*um* etc.

§ 188. Ein praeteritum und part. praet. ohne das ableitungssuffix -*i*- bilden einige stämme auf *g*, *c*, *l*:

a) *brengean* neben *bringan* (got. *briggan*, *bráhta*): *bróhte*, *gebróht*; *bycgean* (got. *bugjan*, *bauhta*): *bohte*, *geboht*.

b) *sécean* (got. *sókjan*, *sóhta*): *sóhte*, *gesóht*; *wyrcean* (got. *waurkjan*, *waurhta*): *worhte*, *geworht*; *ðencean* (got. *þagkjan*, *þáhta*): *ðóhte*, *geðóht*; *ðyncean* (got. *þugkjan*): *ðúhte*, *geðúht*; ähnlich im Ags.: *leccean* befeuchten: *le*(*a*)*hte*; *reccean* erzählen: *re*(*a*)*hte*, *gere*(*a*)*ht*; *streccean* strecken: [*stre*(*a*)*hte*]; *w*(*r*)*eccean* wecken: *weahte*, *áweaht*; *geræcean* erwerben: *geráhte* neben *geráhte*; *tǽcean* to teach: *táhte* = *tǽhte*, *betáht* = *getǽht*. In andern quellen *cweccean*, *dreccean* und *bepǽcean*. Zu *róhte* lautet das praesens *reccean* § 99.

c) *cwellan* tödten: *cwealde*, *ácweald*; *sellan* to sell: *salde* neben *sealde*, *gesald* neben *geseald*; *stellan* stellen: *stealde*, *ásteald* neben *onsteled*; *tellan*, *tealde*, *geteald* neben *geteled*.

Anm. Die formen mit innerem *e* statt *ea* haben das *e* wohl dem praesens entlehnt.

§ 189. Der kurzsilbige imperativ endigt im sing. auf -*e*: *settan*: *sete*; der langsilbige wirft regelmässig die endung ab (§ 68): *féran* fahren: *fér*; *gehíeran*: *gehíer*; *gieman*: *giem*; *áliesan* got. *uslausjan*: *álies* u. s. w. *Gierwan* hat *gegierwe* neben *gegier*, wie *lǽre*, *sende* neben *lǽr*, *send* von *lǽran*, *sendan*.

§ 190. Paradigma der *jo*-stämme: got. *hazjan*, *wénan*.

		herie	fremme	wêne
Praes. ind. sing.	1	herie	fremme	wêne
	2	herest	fremest	wên(e)st
	3	hereð	fremeð	wên(e)ð
	plur.	heriað	fremmað	wênað
Praes. opt. sing.		herie	fremme	wêne
	plur.	herien	fremmen	wênen

§ 190.

| Praes. imp. | sing. 2 | here | freme | wên |
| | plur. 2 | heriað | fremmað | wênað |

Praes. inf.: nerian, fremman, wênan. Part. praes.: neriende u. s. w.

Praet. ind.	sing. 1	herede	fremede	wênde
	2	heredes(t)	fremedes(t)	wêndes(t)
	3	herede	fremede	wênde
	plur.	heredun, -on	fremedun, -on	wêndun, -on
Praet. opt.	sing.	herede	fremede	wênde
	plur.	hereden	fremeden	wênden

Part. praet.: gehered, gefremed, gewêned.

Die zweite oder ôjo-klasse (got. *salbôn*).

§ 191. Das *ó* der ungekürzten form *-ójo-* im praesens findet sich (als zweiter component des diphthongen) in den verba contracta *fréogean* befreien, *twéogean* zweifeln, aus *frijôjan*, *twehôjan*. Bei den verba contracta mit gutturalem stammvocal oder diphthong wird das *ó* verschluckt (§ 59, 8): *scôhôjan* wird zu *scôgean* beschuhen, *smauhôjan* zu *sméagean* nachdenken, ð*rauôjan* zu ð*réagean* schelten.

§ 192. Die uncontrahierten verba schwächen das *ó* zu *i*; aus *-ójan* wird *-ijan*, geschrieben *-igan* = *igean*, (§ 79); daneben erscheint auch *-ian*. Auch den got. verba auf *-an*, *-aida* entsprechen im Ags. verba auf *-igean* aus *ôjan* (also mit übertritt von der *ai-* in die *ó-*klasse): *hwílian* got. *hweilan*, *lícian* got. *leikan*, *scamian* got. *skaman* u. s. w.

Ausstossung des *i* ist selten: *hergan* und *hergean* verheeren neben *heri(ge)an*, *tilge* opt. zu *tili(ge)an* streben, *lufge* opt. zu *lufigean* lieben, neben *tilige*, *lufige*. Ebenso *geliorngen* zu *geliornian* lernen § 195. *Plegean* spielen steht isoliert, plur. praet. *plegedon*.

§ 193. Die 2. und 3. ps. praes. ind. auf -as(t), að und die 2. sg. praes. imper. auf -a entsprechen den zweisilbigen got. formen auf -ós, -óþ und -ó. Das praet. und ppp. werden von einem stamme auf -ó gebildet; im ags. bleibt o (gekürzt) oder es geht in a, u, in offenen silben auch in e über.

§ 194. Ein part. praesens auf -ende statt -igende ist belegt von ðearfian: ðearfende; von swigian (sugian) erscheint mit langem í: swígende, swiggende (§ 17).

Paradigma der ôjo-stämme:

Praesens Ind. Sing.	1	ðréage	laði(g)e
	2	ðréast	laðast
	3	ðréað	laðað
Plur.	1—3	ðréag(e)að	laði(ge)að (-ige wē, gē)
Opt. Sing.	1—3	ðréage	laði(g)e
Plur.	1—3	ðréagen	laði(g)en
Imper. Sing.	2	ðréa	laða
Plur.	2	ðréag(e)að	laði(ge)að

Inf. ðréag(e)an, laði(ge)an.
Gerundium: tô ðréag(e)anne, -onne, -enne u. s. w.
Part. praes.: ðréagende, laði(g)ende.
Participium praeteriti: geðréad, gelaðod.

Praeteritum Ind. Sing.	1	ðréade	laðode, -ade, -ude, -ede
	2	ðréades(t)	laðodes(t), -ades(t)
	3	ðréade	laðode, -ade, -ude, -ede
Plur.	1—3	ðréadon	laðodon, -adon, -edon
Opt. Sing.	1—3	ðréade	laðode, -ade, -ude, -ede
Plur.	1—3	ðréaden	laðoden, -aden, -eden

Die verba auf -nian.

§ 195. Die gotischen verba auf -nan, -nôda sind bis auf onwæcnan auch im praesens zur zweiten klasse übergetreten: leornian lernen, leornode, geleornod; ähnlich geéacnian empfangen.

§ 195.

Onwæcnan erwachen stimmt aber zur got. conj.: 3 sg. *onwæcneð*, opt. *onwæcne, -en;* praet. *awæcnede* (aus *-ode?*), daneben das starke praet. *onwôc* (§ 176).

Die dritte oder êjo-klasse (got. *haban*).

§ 196. Möglicherweise haben *ðū hæfst, hē hæfð, hē sægð* (got. *habais, habaiþ,* ahd. *sagét*) spuren der *éjo*-flexion bewahrt. Sonst sind die *éjo*-verba entweder ganz (§ 192) oder bloss in der 2. und 3. ps. sing. ind. praesens und der 2. ps. sing. imper. zur II klasse übergetreten [1]) und bilden die übrigen praesensformen von einem *jo*-stamme (also geminierte consonanz!) und das praet. und ppp. ohne zwischenvocal auf *-de, -d* (sieh § 197). So entstanden auch doppelformen wie *fylgean* und *folgian* mit vollständiger *jo-* und *ójo*-flexion: 3 sg. *fylgð, folgað*, pl. *fylg(e)að, folgiað*, opt. *fylge, folgie,* imper. *folga*, praet. *fylgde, folgode.*

§ 197. *Habban* (ähnlich *nabban* § 94) und *libban* flectieren folgendermassen:

Praesens, Ind. Sing.	1		hæbbe	*libbe*
	2	hafas(t)	hæfst	*liofast*
	3	hafað	hæfð	liofað
	Plur. 1—3	habbað	hæbbað	libbað
Opt. Sing.	1—3	—	hæbbe	libbe
	Plur. 1—3	—	hæbben	libben
Imp. Sing.		hafa		*liofa*
	Plur.		habbað	*libbað*

Infinitiv: habban, libban.
Gerundium: tô habbanne, -enne, tô libbanne, -enne.
Part. praesens: hæbbende, libbende, lifgende, lifiende.

Praeteritum: Ind. Sing.		hæfde	lifde
	Plur.	—	hæfdun, -on	lifdon
Opt. Sing.		—	hæfde	lifde
	Plur.	—	hæfden, -on	lifden

---

1) Anders Sievers, Beitr. 16, 261.

§ 198. *(For)hycgean* bildet eine 3. sg. *-hygeð* neben *-hogað*, pl. *-hycg(e)að*; praet. *-hogde* neben *-hogode*, ppp. *-hogod*. *Getrúwian*, praet. *ic getrúwode*, *-ade* neben *ðū getrúwdes*, pl. *getrúwedon*, ppp. *fortrúwod*. *Dihtan* verfassen, *stihtan* anordnen und *fultumian*, *-eman* haben auch praesensformen nach der II. klasse und ein praet. auf *-ode*, *-ade*.

§ 199. *Secg(e)an* (*sæcgean*) to say (§ 196) hat im praet. *sægde*, *sǽde*, im ppp. *gesægd*, *gesǽd* (§ 64).

§ 200. *Gefecc(e)an* aus *gefetjan* (§ 91 A) hat ein praet. *gefette*, ein ppp. *gefett*. Nicht im Aws. belegt ist das praet. ind. *ic fecce*, *ðū fetast*, *hē fetað*, *wē gefecceað*.

§ 201. Statt einer dem got. *(at)augjan* entsprechenden form *íegan, *égan (§ 79) begegnet *íewan* (aus *auwjan*) neben *éwan* (letzteres im praesens nicht belegt) § 42, 2; daneben nach der II klasse *éowian* und eine compromissbildung *éowan*, *íowan*:

3 sg.: *iew(e)ð* neben *íowað*, *éowað*, *éoweð*; opt. *íewe* neben *éowige*;
3 pl.: *í(e)wað* neben *éowiað*;
praet.: *iewde (íede)*, *oð́éwde* neben *éowde* (kein *éowode)*;
ppp.: *ge-*, *oð́íewed*, *oð́éwed* neben *geéowad*, *geéawed!*

Anomala und defectiva.

§ 202. Ueber *bringan* neben *breng(e)an* sieh § 188. Ueber *slǽpan* §§ 14, 178; über *findan* praet. *funde* § 173; über *swugian*, *swígende* § 194; über *búgean* sieh § 182.

§ 203. *Dón* thun, *tó dónne*, p. praes. *dónde*, praes. ind. *ic dó*, [*ðū dést*], *hē déð* (aus *dó-ist*, *dó-iþ*), *wē*, *gē*, *híe dóð* (aus *dóað*), imper. *dó*, *dóð*, opt. *dó*, *dón*. Daneben seltene uncontrahierte formen p. praes. *dóende*, opt. *dóe*. Das praet. ist *dyde*, das ppp. *gedón* (mit urags. *ó*, nicht *ǽ*). Häufig doppelschreibung *doon*, *duoð*, *duo*, *gedoon*.

§ 204. *Gán = gongan, tô gánne = tô gongunne, -enne*, p. praes. *gangende* (kein *gánde*), praes. ind. 3 sg. *gǽð* (nicht *gengeð*), pl. *gáð = gongað*, imper. *gá = gang, gáð = gongað*, opt. *gá, gán = gonge, gongen*, ppp. *gegán = -gongen*. Häufig doppelschreibung: *gaan, gaa*. Praet. *éode* got. *iddja*.

§ 205. [*Willan*] got. *wiljan*, p. praes. *willende*, ind. praes. *ic wille, ðū wilt, hē wille = wile*, plur. *willað (wiellað)*, opt. *wille (wielle)*, praet. *wolde (walde)*.

Componiert mit *ne*: ind. *ic nylle = nelle, hē nyle, nylle, nele, nile*, plur. *nyllað, nellað*, opt. *nylle, nyle, nele;* pt. *nolde*.

§ 206. *Bíon, béon* sein, *tô bíonne, béonne*, ind. praes. *ic éom* (zweimal *éam*), *ðū bist* (*bis ðū*) *= ðū art, eart, hē bið = is*, plur. *bíoð, béoð = sint, sient, sindon, siendon, -un, an;* opt. *bío, béo = sí, síe*. Das praet. *wæs = was, wǽron* von *wesan*. Mit *ne* componiert: *nis* er ist nicht, praet. *næs = nas, nǽron* u. s. w.

Die praeterito-praesentia.

§ 207. Die praeterito-praesentia sind (zum theil mit umlaut im optativ):

1) *ann* ich gönne, opt. *unne*, praet. *úðe*.
2) [*áh*] got. *aih*, pl. *ágon*, opt. *áge*, praet. *áhte*.
3) *can(n), con(n)* got. *kann, ðū cans*, pl. *cunnon*, opt. *cunne*, pt. *cúðe*, ppp. *cúð* als adj.
4) *dear(r)* got. *dars*, pl. *durron*, opt. *durre = dyrre*, pt. *dorste*.
5) *mæg* got. *mag, ðū meaht*, pl. *magon*, opt. *mæge*, pt. *meahte* (*mehte*), in andern quellen [*mihte*].
6) *ge-, of-, onman* (*-mon*) got. *gaman, ðū gemanst, -sð*, pl. *gemunan* neben *gemunað!* imper. *gemun, gemunað*, opt. *gemyne, gemune*, praet. *gemunde*. Inf. *ge-, onmunan, tô gemunanne*, p. praes. *gemunende*.
7) ind. [*môt, ðū môst*], *wē, híe môton*, opt. *môte*, pt. *môste*.
8) *sceal* (*sceall*) got. *skal, ðū scealt*, pl. *sculon, sceolon*, opt. *scyle = sci(e)lc*, selten *scule*, praet. *scolde, sceolde* (zweimal *sciolde*).

9) *ðearf* got. *þarf*, pl. *ðurfon*, opt. *ðurfe = ðyrfe*, praet. *ðorfte*.

10) *witan* (*wiotan, weotan, wietan*) got. *witan; tô wi(o)-, wi(e)-tanne, -onne; witende*; ind. *wát, ðû wâst, wâsð*, pl. *wi(e)ton, wioton*, imper. *wite, witað*, opt. *wi(e)te*, praet. *wiste, wisðe, wieste* und *wisse*, ppp. *wi(e)ten*.

ic nát ich weiss nicht, *ðû nâst*, pl. *nyton*, opt. *nyte*, praet. *nyste = nysse*.

11) Unbelegt in unsern quellen sind *déag* er taugt, pt. *dohte* und 12) *be-, geneah* (got. *bi-, ganah*), praet. *-nohte*.

Das medio-passivum.

§ 208. Dem got. *haitada* entspricht ein praes. ind. *ic hátte* ich heisse, plur. *hátton*.